EERSTE EDITIE - Gepubliceerd in 2022

Extra grafisch materiaal van: www.freepik.com
Dank aan: Alekksall, Starline, Pch.vector, Rawpixel.com, Vectorpocket, Dgim-studio, Upklyak, Macrovector, Stockgiu, Pikisuperstar & Freepik.com Designers

Ontdek gratis online spelletjes

Hier verkrijgbaar:

BestActivityBooks.com/FREEGAMES

5 TIPS OM TE BEGINNEN!

1) HOE OP TE LOSSEN

De Puzzels zijn in een Klassiek Formaat:

- Woorden worden verborgen zonder pauzes (geen spaties, streepjes, ...)
- Oriëntatie: Voorwaarts & Achterwaarts, Boven & Beneden of in Diagonaal (kan in beide richtingen)
- Woorden kunnen elkaar overlappen of kruisen

2) ACTIEF LEREN

Naast elk woord is een spatie voorzien om de vertaling te noteren. Om actief te leren vindt u een **WOORDENBOEK** aan het einde van deze editie om uw kennis te controleren en uit te breiden. U kunt elke vertaling opzoeken en opschrijven, de woorden in de puzzel vinden en ze vervolgens aan uw woordenschat toevoegen!

3) TAG JE WOORDEN

Hebt u al geprobeerd een labelsysteem te gebruiken? U zou bijvoorbeeld de woorden die moeilijk te vinden waren kunnen markeren met een kruis, de woorden die u leuk vond met een ster, nieuwe woorden met een driehoek, zeldzame woorden met een ruit enzovoort...

4) ORGANISEER UW LEREN

Wij bieden ook een handig **NOTITIEBOEKJE** aan het eind van deze uitgave. Of u nu op vakantie, op reis of thuis bent, u kunt uw nieuwe kennis gemakkelijk ordenen zonder dat u een tweede notitieboek nodig hebt!

5) AFGESLOTEN?

Ga naar de bonussectie: **FINAAL UITDAGING** om een gratis spel te vinden dat aan het einde van deze editie wordt aangeboden!

Wil je meer leuke en leerzame activiteiten? Het is Snel en Eenvoudig!
Een hele collectie spelboeken slechts **één klik verwijderd!**

Vind uw volgende uitdaging bij:

BestActivityBooks.com/MijnVolgendeBoek

Klaar... Start!

Wist u dat er zo'n 7000 verschillende talen in de wereld zijn? Woorden zijn kostbaar.

We houden van talen en hebben hard gewerkt om de boeken van de hoogste kwaliteit voor u te maken. Onze ingrediënten?

Een selectie van onmisbare leerthema's, drie grote plakken plezier, dan voegen we er een lepel moeilijke woorden en een snuifje zeldzame woorden aan toe. We serveren ze met zorg en een maximum aan verrukking, zodat je de beste woordspelletjes kunt oplossen en veel plezier beleeft aan het leren!

Uw feedback is essentieel. U kunt een actieve bijdrage leveren aan het succes van dit boek door een recensie achter te laten. Vertel ons wat u het meest beviel in deze editie!

Hier is een korte link die u naar uw bestelpagina brengt:

BestBooksActivity.com/Recensies50

Bedankt voor uw hulp en veel plezier met het spel!

Linguas Classics

1 - Metingen

```
C D M U C H D E R B H I K L
A I Y Z S M E S U R Y D D I
N J L F A À G Y B H D J Y T
O M L O N S O E S E A D W R
L U E Y G D L E Z Q I M O P
F A D P R R E G F Y O T K W
A L T W A L A R P E I N T M
N S O Y M N V M C Y F R O L
K Y N S P W M O D F E D D I
S G R A D D O O N H M W J A
F Z M U N U D W N T A I J O
V M W D W T U N N E L L Z Z
P V S V L A F S T Q N F K D
J H I Q T T U C J T L C E T
```

LLED	CILOGRAM
BEIT	HYD
CANOLFAN	LITR
DEGOL	MÀS
DYFNDER	MESURYDD
PWYSAU	MUNUD
GRADD	OWNS
GRAM	PEINT
UCHDER	TUNNELL
MODFEDD	CYFROL

2 - Keuken

```
A Y C Q Q M B W Y D P O L J
C W P A N A U O G R I L L W
H C Y L L Y L L W L T G E Z
O J G V R S T H E L N I T J
P L L W Y A U F F Y R C W A
S B E I S Y S A G F H N A J
T O E L Á B Q D D F I C D W
I E N W I C X P U E J A N G
C R G S T O N O D D I A Z B
K G V E S R Y P R O W R R N
S E A F L M F T C G C G X N
P L Y O U L B Y M S R P Y M
Y L M F F D N A P C Y N A A
A Q W L P W R H E W G E L L
```

CWPANAU   LLETWAD
CHOPSTICKS   JAR
GRIL   RYSÁIT
TEGELL   FFEDOG
OERGELL   NAPCYN
BOWL   SBEISYS
JWG   NODDI
LLWYAU   BWYD
CYLLYLL   FFYRC
POPTY   RHEWGELL

3 - Boten

```
M  F  F  E  R  I  P  H  S  C  R  K  A  S
O  C  C  P  I  I  R  W  Q  R  A  F  O  N
R  W  Q  E  A  O  Y  Y  N  I  L  I  J  N
W  C  M  I  F  H  N  L  Y  W  L  Q  A  P
R  H  A  R  D  N  U  I  M  W  U  P  N  C
O  H  N  I  O  L  F  O  T  Ô  I  R  G  J
L  W  M  A  C  L  O  O  W  D  R  H  O  A
J  Y  F  N  M  Y  W  C  R  Z  U  A  R  O
C  L  J  T  O  N  N  A  U  N  V  F  Q  K
P  I  E  V  O  I  B  V  D  R  A  F  N  O
O  O  I  C  A  N  Ŵ  L  U  L  B  C  V  Q
E  Y  B  A  D  A  C  H  U  B  F  G  R  X
E  A  S  Y  B  X  D  L  X  F  V  J  F  A
F  R  M  W  Y  A  F  A  L  X  A  C  A  K
```

ANGOR	PEIRIANT
CRIW	MORWROL
PRYNU	CEFNFOR
DOC	BAD ACHUB
TONNAU	AFON
HWYLIO	RHAFF
CAIAC	FFERI
CANŴ	LLU
MWYAF	MÔR
LLYN	CWCH HWYLIO

4 - Chocolade

```
D R U C S X T G P A F P B K
U K X A H O F F C A R E N A
C A K N Q W Y E N Y O R I
P O W D R L E O N S S E G S
Y F C Y S N I R H A Á O C L
B L A S U S B C W W I G R M
M O P C J B A E Y D T R E E
N B L N C L C S S D L O F L
W M C A C A O S I W G R F Y
K C W U O S R P O S U T T S
D T Y C H A P A N L K B W C
E G S O T I G B M H W C Y X
H K X C Z N K G I E X D R E
G A L O R Ï A U A T L P Q R
```

AROGL   CARAMEL
CREFFTWYR   CNAU COCO
CHWERW   ANSAWDD
CACAO   POWDR
GALORÏAU   RYSÁIT
EGSOTIG   BLAS
HOFF   CANDY
BLASUS   SIWGR
CYNHWYSION   MELYS

5 - Tijd

```
D  X  O  Y  D  W  I  C  U  N  O  S  G  C
J  I  U  Y  N  Y  W  C  O  I  J  R  R  K
T  V  N  D  A  G  F  Y  R  J  H  M  J  S
M  U  D  X  W  T  Y  O  H  E  D  D  I  W
C  L  O  C  R  M  Q  N  D  K  R  Y  D  M
W  C  A  N  R  I  F  Z  N  O  G  B  D  M
A  W  R  B  R  S  C  C  F  A  L  X  G  D
C  A  L  E  N  D  R  N  T  R  R  X  G  B
B  L  Y  N  Y  D  D  O  L  Ô  P  D  H  P
Q  W  Y  T  H  N  O  S  V  L  V  E  D  Q
H  A  N  N  E  R  D  Y  D  D  E  G  D  B
B  L  W  Y  D  D  Y  N  X  B  O  A  O  O
M  S  G  G  Z  S  E  W  N  F  K  W  E  R
M  U  B  W  D  M  C  M  U  N  U  D  V  E
```

DYDD	MUNUD
DEGAWD	AR ÔL
CANRIF	NOS
DDOE	NAWR
BLWYDDYN	BORE
BLYNYDDOL	DYFODOL
CALENDR	AWR
CLOC	HEDDIW
MIS	YN GYNNAR
HANNER DYDD	WYTHNOS

6 - Meditatie

```
M A N A D L U A D A W E L E
E G L U R D E R K E I K N F
D S Y M U D I A D D R O Q F
D S A F B W Y N T T H B E R
Y T O S T U R I V G A U Y O
L D I O L C H G A R W C H N
I H E D D W C H X T U X S U
O U G R L J B Z F N L Q F S
L S C E R D D O R I A E T H
E O G S Y L W K S H Q T C Z
X E M O S I Y N A U L W U T
C A R E D I G R W Y D D J R
N M E D D Y L I A U W B U F
Z U Y H A P U S R W Y D D T
```

SYLW
DERBYN
ANADLU
SYMUDIAD
DIOLCHGARWCH
EMOSIYNAU
MEDDYLIAU
HAPUSRWYDD
EGLURDER
OSGO

DAWEL
TOSTURI
MEDDYLIOL
CERDDORIAETH
NATUR
SAFBWYNT
HEDDWCH
CAREDIGRWYDD
EFFRO

7 - Zomer

```
D  G  A  R  D  D  U  X  M  V  C  A  G  L
H  Ŵ  G  Y  L  B  M  Q  R  Ô  A  T  W  L
B  Y  S  Ê  R  L  B  N  G  S  R  G  E  A
F  L  T  F  B  W  Y  D  M  A  T  O  R  W
T  E  U  L  U  H  W  F  T  N  R  F  S  E
M  E  I  N  O  F  I  O  R  D  E  I  Y  N
J  Y  I  C  I  F  Z  Z  A  A  F  O  L  Y
Q  D  X  T  R  D  U  X  E  L  U  N  L  D
B  P  X  W  H  C  O  S  T  A  V  X  A  D
F  M  F  G  G  I  D  V  H  U  O  P  F  X
D  E  I  F  I  O  O  Y  M  L  A  C  I  O
C  E  R  D  D  O  R  I  A  E  T  H  O  L
C  E  L  L  X  H  A  M  D  D  E  N  P  L
F  F  R  I  N  D  I  A  U  C  C  L  G  H
```

LLYFRAU	SÊR
DEIFIO	TRAETH
TEULU	GARDD
ATGOFION	GŴYL
CARTREF	BWYD
GWERSYLLA	LLAWENYDD
CERDDORIAETH	FFRINDIAU
YMLACIO	HAMDDEN
TEITHIO	MÔR
SANDALAU	I NOFIO

8 - Vogels

```
C  B  H  T  D  C  C  I  C  O  N  I  A  H
O  Y  W  H  B  C  R  T  W  X  T  E  D  W
L  V  W  U  V  E  G  Ë  S  J  W  S  E  Y
O  P  Q  I  U  P  O  Q  Y  T  C  T  R  A
M  N  J  I  Â  A  G  C  P  R  A  R  Y  D
E  C  H  X  N  R  Q  L  G  L  N  Y  N  E
N  N  I  L  P  O  H  E  G  W  H  S  K  N
K  I  J  F  T  T  L  T  Z  K  Y  X  Q  B
G  P  E  L  I  C  A  N  U  U  R  L  P  H
Ŵ  A  L  A  R  C  H  U  F  R  Â  N  A  C
Y  F  F  L  A  M  I  N  G  O  R  W  U  N
D  Y  L  L  U  A  N  R  D  L  G  Y  N  M
D  I  S  Z  Z  T  M  P  F  F  D  B  Q  H
P  E  N  G  W  I  N  J  F  W  W  J  B  V
```

COLOMEN	CICONIA
HWYADEN	PAROT
WY	PAUN
FFLAMINGO	PELICAN
GŴYDD	PENGWIN
CYW IÂR	CRËYR
GOG	ESTRYS
FRÂN	TWCAN
GWYLAN	DYLLUAN
ADERYN	ALARCH

9 - Behoud

```
C Y N E F I N K M N J O L S
W V D Ŵ R B A M H E U S L I
W J H C Y L C H O W H H Y E
A I L G Y L C H U I I E G C
F C O C C E F R A D N C R H
G E F R V I A E I I S O E Y
W M K R G H H S E A A S D D
Y E C Y N A L I A D W Y D A
R G B Q G U N B Z A D S G D
D A O Q Y L T I R U D T K D
D U P R Y D E R G W F E F Y
P L A L A D D W Y R B M Q S
A M G Y L C H E D D O L T G
L G R A N A T U R I O L N I
```

CEMEGAU
CYNALIADWY
ECOSYSTEM
CYLCH
IECHYD
GWYRDD
CYNEFIN
HINSAWDD
AMGYLCHEDDOL
NATURIOL

ADDYSG
ORGANIG
PLALADDWYR
AILGYLCHU
NEWIDIADAU
LLEIHAU
LLYGREDD
DŴR
PRYDER

10 - Wiskunde

```
R  D  O  L  Y  J  S  S  H  T  M  P  B  G
H  C  I  N  Y  E  C  G  A  R  W  O  E  E
I  Y  F  A  G  B  V  W  F  I  P  L  R  O
F  F  C  G  M  L  A  Â  A  O  P  Y  P  M
Y  R  Y  N  R  E  A  R  L  N  E  G  E  E
D  O  L  V  A  A  D  U  I  G  T  O  N  T
D  L  C  I  D  I  D  R  A  L  R  N  D  R
E  A  H  J  I  E  L  D  D  Q  Y  N  I  E
G  U  E  F  W  N  X  V  A  R  A  P  C  G
W  X  D  N  S  W  M  A  D  U  L  K  W  D
Q  T  D  C  Y  F  O  C  H  R  O  G  L  E
C  Y  M  E  S  U  R  E  D  D  L  U  A  G
P  A  R  A  L  E  L  O  G  R  A  M  R  O
F  F  R  A  C  S  I  W  N  H  U  V  Y  L
```

DEGOL	PARALELOGRAM
DIAMEDR	PETRYAL
TRIONGL	RHIFYDDEG
FFRACSIWN	SWM
GEOMETREG	RADIWS
GRADDAU	CYMESUREDD
ONGLAU	POLYGON
BERPENDICWLAR	HAFALIAD
CYLCHEDD	SGWÂR
CYFOCHROG	CYFROL

11 - Camping

```
I  S  S  R  A  F  T  H  A  M  M  O  C  K
L  P  R  Y  F  E  D  E  C  A  B  A  N  Y
L  L  H  H  M  J  B  L  S  P  N  Y  A  A
Y  C  E  Y  X  K  Y  A  L  A  X  T  N  V
N  A  T  U  R  L  B  A  P  B  D  Â  U  A
C  N  A  A  A  Y  L  G  M  E  L  N  C  R
O  Ŵ  S  F  S  D  E  U  W  L  H  B  W  V
E  O  N  B  M  L  N  M  S  L  P  Z  M  Y
D  X  U  D  B  S  M  G  X  E  K  I  P  V
W  A  M  P  X  Z  K  O  G  B  R  X  A  H
I  O  K  Z  S  V  B  A  O  B  H  N  W  M
G  R  A  N  I  F  E  I  L  I  A  I  D  V
M  Y  N  Y  D  D  H  Z  I  N  F  T  K  W
H  D  U  V  Y  E  C  O  E  D  F  W  O  M
```

ANTUR
MYNYDD
COED
COEDWIG
TÂN
CABAN
ANIFEILIAID
HAMMOCK
HET
PRYFED

HELA
MAP
CANŴ
CWMPAWD
LLUSERN
LLEUAD
LLYN
NATUR
PABELL
RHAFF

12 - Activiteiten

```
H  Q  C  F  P  Q  Q  K  S  G  W  N  Ï  O
E  A  F  Y  H  Y  Y  P  Q  G  T  C  D  G
L  D  M  W  U  V  S  E  W  K  J  R  A  W
A  I  O  D  D  E  O  G  L  H  Y  E  R  E
V  D  Z  B  D  C  P  C  O  D  M  F  L  R
B  D  G  P  L  E  S  E  R  T  L  F  L  S
H  O  U  E  C  L  N  R  U  G  A  T  E  Y
P  R  C  X  M  F  J  A  V  X  C  A  N  L
O  D  S  K  O  A  G  M  Z  Y  I  U  J  L
S  E  H  G  D  U  U  E  Y  Y  O  M  P  A
A  B  Q  I  U  Q  Z  G  H  E  I  C  I  O
U  A  G  W  E  I  T  H  G  A  R  E  D  D
N  U  K  W  N  G  W  A  U  M  H  F  U  W
G  A  R  D  D  I  O  D  A  W  N  S  I  O
```

GWEITHGAREDD
CREFFTAU
DIDDORDEBAU
GWAU
DAWNSIO
GEMAU
PYSGOTA
HELA
GWERSYLLA
CERAMEG

CELF
DARLLEN
HUD
GWNÏO
YMLACIO
PLESER
POSAU
GARDDIO
HAMDDEN
HEICIO

13 - Vormen

```
H  W  O  A  N  J  B  G  O  P  R  I  S  M
C  I  B  H  I  C  B  A  C  Y  L  C  H  H
Ô  T  R  I  O  N  G  L  C  R  J  O  S  Y
N  W  Q  G  C  O  U  L  I  A  O  R  G  P
G  N  N  R  R  D  C  Q  W  M  A  N  W  E
O  O  Q  O  R  W  G  H  B  I  R  E  Â  R
N  N  A  M  N  M  N  L  R  D  C  L  R  B
G  P  O  L  Y  G  O  N  L  M  F  T  U  O
T  F  F  I  P  S  S  J  E  I  K  F  Y  L
O  O  M  N  Y  G  W  U  D  E  N  W  M  A
P  E  T  R  Y  A  L  S  J  L  T  E  Y  C
S  I  L  I  N  D  R  K  M  U  S  W  L  A
J  Y  X  C  L  W  J  Z  Y  Q  U  J  O  L
P  D  Z  I  X  N  C  Y  H  L  I  A  N  R
```

ARC	CIWB
SILINDR	LLINELL
CYLCH	HIRGRWN
GROMLIN	PYRAMID
TRIONGL	PRISM
CORNEL	YMYLON
HYPERBOLA	PETRYAL
OCHR	POLYGON
CÔN	SGWÂR

14 - Astronomie

```
M Q M K E Z P T G A G U I S
L L E U A D R E O C I Q I X
H P P U O R B L F S Y Z H E
M E T E O R Y E O G O M E D
B T N K B N O S D D A E A R
L L O E R E N G W P N I T X
A C Q M Q B Q O R O C E D A
N Y H L R U L P B W O M S S
E T R Z B L I Z I H S E B T
D S F B G A Z N H Z M P L E
S E R E N P L W O C O O G R
A R S Y L L F A K X S Z W O
Y M B E L Y D R E D D K E I
S E R Y D D W R D E Z T T D
```

DDAEAR
ASTEROID
GOFODWR
SERYDDWR
EQUINOX
GOMED
COSMOS
LLEUAD
METEOR

NEBULA
ARSYLLFA
BLANED
ROCED
LLOEREN
SEREN
CYTSER
YMBELYDREDD
TELESGOP

15 - Emoties

```
L L O N Y D D W C H T I H D
C Y T I H G F C A D Y S E I
L A Y F A W O Y R I N C D F
R L R Z M H D N U C E M D L
P U A E D L L N B T R D W A
J H J W D Y O W V E W R C S
O F N K E I N Y U R C H H T
W H E Z N N G S Q C H Y T O
C Y R F O T Y R S Y N D O D
P J N F L N T D W V W D D M
G Y F F R O U S D Y W H A D
X D V O Y H O Q Q Z D A W A
C Y D Y M D E I M L A D E V
D I O L C H G A R T A L L I
```

OFN
DIOLCHGAR
WYNFYD
CYNNWYS
DAWEL
CARU
HAMDDENOL
GYFFROUS
RHYDDHAD
LLONYDDWCH

CYDYMDEIMLAD
TYNERWCH
FODLON
SYNDOD
DIFLASTOD
HEDDWCH
LLAWENYDD
CAREDIGRWYDD
DICTER

16 - Vakantie #2

```
P Z V L B W Y T Y O V X N P
Y N L E D C D P A S B O R T
G N R E U C L U D I A N T C
N K Y E O Y K N A J T S G Y
X X S S G W Y L I A U H I R
K W R T H A M D D E N T M C
G W E R S Y L L A W R R A H
B B N O U J R F A O O P E F
S L I N L G T R A M O R S A
M I X L W C A R N A J X A N
E V C Y W K C A A P X R W J
P A B E L L S I W E X Z Y M
G W E S T Y I D P O T P R Ô
F I S A M H E U O N D H E R
```

CYRCHFAN	AMHEUON
ESTRON	BWYTY
TRAMOR	TRAETH
YNYS	TACSI
GWESTY	PABELL
MAP	GWYLIAU
GWERSYLLA	CLUDIANT
MAES AWYR	FISA
PASBORT	HAMDDEN
TAITH	MÔR

17 - Weersomstandigheden

```
G  S  M  R  H  N  M  D  I  U  R  L  T  X
W  Y  O  L  L  I  F  O  G  Y  D  D  P  E
Y  C  N  Y  H  Â  N  C  P  J  U  F  O  V
N  H  S  I  E  C  I  S  A  W  U  Z  L  U
T  D  Ŵ  X  H  S  W  T  A  R  A  N  A  U
M  E  N  F  Y  S  L  O  A  W  Q  F  R  T
E  R  X  B  Z  A  E  R  L  N  D  Z  Y  Y
L  Y  F  K  D  T  M  M  L  T  U  D  K  M
L  F  Z  S  T  R  O  F  A  N  N  O  L  H
T  A  W  Y  R  G  Y  L  C  H  C  E  X  E
S  C  P  C  O  R  W  Y  N  T  W  T  G  R
C  H  X  H  A  Ŵ  Y  R  U  R  M  X  Y  E
B  Q  N  C  I  S  T  O  W  P  W  T  R  D
T  O  R  N  A  D  O  B  E  S  L  W  B  D
```

AWYRGYLCH	CORWYNT
MELLT	LLIFOGYDD
TARANAU	POLAR
SYCH	ENFYS
SYCHDER	STORM
AWYR	TYMHEREDD
IÂ	TORNADO
HINSAWDD	TROFANNOL
NIWL	GWYNT
MONSŴN	CWMWL

18 - Strand

```
Y  T  B  H  H  A  U  L  T  C  M  T  C  C
C  M  T  U  U  C  U  T  Y  W  E  L  W  R
P  D  B  N  S  A  S  X  W  C  X  I  C  A
T  O  N  A  F  S  I  N  O  H  Z  N  H  N
K  C  S  F  R  Y  F  W  D  H  I  O  Y  C
S  U  T  U  X  É  D  X  K  W  F  F  M  G
V  N  C  N  A  Y  L  G  Ŵ  Y  L  I  K  L
W  M  X  E  D  R  V  I  M  L  L  O  X  A
U  Ô  U  F  F  D  F  I  N  I  T  G  Y  S
C  R  E  G  Y  N  L  O  R  O  R  B  W  B
G  C  D  Y  Q  G  F  X  R  I  G  D  L  C
M  U  A  N  E  G  J  O  J  D  Q  F  G  A
G  O  A  Y  Y  M  U  T  R  D  I  I  E  V
W  R  C  S  A  N  D  A  L  A  U  R  Q  P
```

GLAS	SANDALAU
CWCH	CREGYN
DOC	GŴYL
YNYS	TYWOD
TYWEL	MÔR
CRANC	CWCH HWYLIO
ARFORDIR	HAUL
CEFNFOR	I NOFIO
YMBARÉL	

19 - Eten #2

```
V B M V C N C Y S A D O L C
Z B G Q G Y U N S L R J D E
P Y S G O D W T P M H A M Y
G W E N I T H I T O A R B X
T A B L T W I W Â N S W A E
O N S I O C L E D R B Y N T
M W P A F A L H M F A Y A B
A B E G G P L A N T R I N Q
T R A C I K R A U R A E A Z
O O C I E L Y C X Z G W I A
W C H W C L P A W Q W O B S
J O B I I O G W R T S J A V
C L R W S B P S Y F N G R Y
M I V T G R A W N W I N A I
```

ALMON
AFAL
ASBARAGWS
EGGPLANT
BANANA
BROCOLI
BARA
SIOCLED
GRAWNWIN
WY

HAM
CAWS
CYW IÂR
CIWI
PEACH
REIS
GWENITH
TOMATO
PYSGOD
IOGWRT

20 - Klimmen

```
O  M  J  A  H  E  I  C  I  O  Q  M  C  Z
H  G  X  N  L  A  S  O  O  Y  T  R  R  Q
O  V  O  A  W  Y  R  G  Y  L  C  H  Y  U
H  Y  F  F  O  R  D  D  I  A  N  T  F  C
C  I  Z  S  M  F  K  Z  X  D  D  I  D  H
C  A  N  L  L  A  W  I  A  U  I  R  E  E
A  R  B  E  N  I  G  W  R  N  A  A  R  L
C  H  W  I  L  F  R  Y  D  E  D  D  U  M
T  B  Z  V  O  W  J  M  H  T  L  U  L  E
A  Z  L  W  P  B  N  D  E  L  G  C  J  N
G  L  C  O  R  F  F  O  R  O  L  H  U  I
M  R  Z  U  E  R  G  M  I  E  N  D  Y  G
M  N  H  D  L  I  U  A  A  W  W  E  D  W
P  O  L  W  M  T  H  P  U  T  G  R  T  H
```

AWYRGYLCH	CRYFDER
ARBENIGWR	ESGIDIAU
CORFFOROL	ANAF
CANLLAWIAU	CHWILFRYDEDD
OGOF	HYFFORDDIANT
MENIG	CUL
HELM	TIR
UCHDER	HERIAU
MAP	HEICIO

21 - Restaurant #1

C O F F I J M J Z S F K W C
Y I X Q J W Z A N R P P N Y
L R G W E I N Y D D E S A N
L K T W O G Y W S Z R C L H
E N O K X V F G F P Q E E W
L A S B E I S L Y D L G R Y
L P A B L C Y W I Â R I G S
W C W B L I F O Y V J N E I
J Y S D A R I A N N R L D O
S N P B I B B W Y D L A D N
Z V M M N N O P L Â T E F I
G A V O U D E W I S L E N P
V B A R A Z T F L Q L J I D
G W L G O S L L A X F D Q X

ALERGEDD   CYLLELL
PLÂT   SBEISLYD
BARA   LLAIN
CYNHWYSION   SAWS
ARIAN   GWEINYDDES
CEGIN   NAPCYN
CYW IÂR   PWDIN
COFFI   CIG
BOWL   BWYD
DEWISLEN

22 - Geologie

```
G F C A R R E G X E L M C Z
E F W T H A L E N O Y W T C
Y O A A D A E A R G R Y N Y
S S R W J S E K C O K N D F
E I T D P I N N L F Z A J A
R L S D X D K J Y L B U V N
L L O S G F Y N Y D D H R D
Y Y C Q W C W A E P Q R X I
D H X M A Z A P E K A J I R
Z C R I S I A L A U T R B Y
R B F B T B Y S S L R O T V
Q L E Y A U A Z S I U N P H
L A F A D C W R E L W G S V
S T A L A C T I T E O M D K
```

DAEARGRYN
CALSIWM
CYFANDIR
FFOSIL
GEYSER
TAWDD
OGOF
CWREL
CRISIALAU
CWARTS

HAEN
LAFA
MWYNAU
GWASTAD
STALACTITE
CARREG
LLOSGFYNYDD
PARTH
HALEN
ASID

23 - Specerijen

```
S  B  C  H  V  P  L  F  X  F  A  U  R  C
D  I  C  Y  R  I  U  N  I  O  N  F  S  O
S  H  N  P  C  N  D  P  A  U  I  F  Q  R
A  F  E  A  W  V  K  X  U  W  S  E  C  I
F  P  G  M  M  E  L  Y  S  R  E  N  A  A
F  M  A  O  I  O  U  S  I  N  S  I  R  N
R  L  R  P  N  E  N  K  Y  H  M  G  D  D
W  P  L  X  R  W  R  F  A  N  I  L  A  E
M  A  L  Q  E  I  Q  T  O  C  E  H  M  R
Z  F  E  W  B  N  K  U  N  H  I  K  O  W
A  Q  G  U  S  Z  J  A  B  W  G  T  M  Z
N  Y  T  M  E  G  T  L  L  E  J  T  O  G
H  A  L  E  N  X  W  V  A  R  Q  O  B  Z
D  Q  N  E  V  L  Z  G  S  W  X  P  F  I
```

ANISE	NYTMEG
CHWERW	PAPRIKA
SINSIR	PUPUR
SINAMON	SAFFRWM
CARDAMOM	BLAS
CYRI	UNION
GARLLEG	FANILA
CWMIN	FFENIGL
CORIANDER	MELYS
EWIN	HALEN

24 - Groenten

```
T  Y  X  Z  N  S  P  W  M  P  E  N  E  N
R  M  R  L  U  E  T  L  P  T  W  O  K  X
P  A  E  J  Z  L  T  B  R  O  C  O  L  I
Y  I  D  W  U  E  A  H  S  R  A  O  N  K
S  P  A  I  Y  R  T  O  J  I  D  H  M  M
I  E  R  J  S  I  W  Z  A  M  N  P  U  A
O  E  T  D  B  H  S  A  L  A  D  S  Q  D
P  G  I  T  I  O  L  E  W  Y  D  D  I  A
P  G  S  O  G  A  R  L  L  E  G  E  G  R
E  P  I  M  O  R  O  N  U  V  F  K  E  C
R  L  O  A  G  U  N  I  O  N  X  I  Q  H
S  A  G  T  L  U  N  S  L  V  Y  W  Z  R
L  N  I  O  Y  C  I  W  C  Y  M  B  R  C
I  T  N  Z  S  U  V  K  K  S  A  L  J  J
```

TATWS	PERSLI
ARTISIOG	PWMPEN
EGGPLANT	MAIP
BROCOLI	RADISH
PYS	SALAD
SINSIR	SELERI
GARLLEG	SBIGOGLYS
CIWCYMBR	TOMATO
OLEWYDD	UNION
MADARCH	MORON

25 - Dans

```
A V E M U L V C G N D O C T
C O M Y R F U U C N I D E R
A O O N E I D I O P W I R A
D C S E Z H K C R A Y W D D
E L I G R A S O E R L Y D D
M A W I O F Q R O T L L O O
I S N A C Q W F G N I L R D
T U X N J E H F R E A I I I
K R W N E H L Y A R N A A A
F O H O W N E F F H N N E D
A L L L A W E N F Y O T T O
Y M A R F E R R I T L L H L
S Y M U D I A D Y H I M F K
G W E L E D O L T M G O K H
```

ACADEMI
SYMUDIAD
LLAWEN
COREOGRAFFI
DIWYLLIANNOL
DIWYLLIANT
EMOSIWN
MYNEGIANNOL
GRAS
OSGO

CLASUROL
CELF
CORFF
CERDDORIAETH
PARTNER
YMARFER
RHYTHM
NEIDIO
TRADDODIADOL
GWELEDOL

26 - Sport

```
R  S  P  F  U  M  Y  Z  M  Z  K  S  Y  E
J  Q  Q  Ê  V  T  N  V  A  X  R  T  X  E
V  G  V  D  L  I  Î  I  B  M  Q  A  P  A
Q  C  T  Q  R  F  W  M  O  D  A  D  I  M
T  E  N  I  S  N  A  N  L  N  F  I  C  E
L  L  P  Ê  L  F  A  S  G  E  D  W  G  S
H  G  B  R  B  E  I  C  A  Ê  K  M  C  Y
R  S  U  G  O  L  F  F  M  R  M  I  A  M
E  N  I  L  L  Y  D  D  P  Y  R  N  N  U
H  Y  F  F  O  R  D  D  W  R  H  O  O  D
C  A  M  P  F  A  Y  T  R  I  O  F  L  I
C  H  W  A  R  A  E  W  R  I  C  I  W  A
G  Y  M  N  A  S  T  E  G  D  I  O  R  D
Y  N  V  P  F  N  F  T  R  L  S  S  Y  X
```

MABOLGAMPWR	CANOLWR
PÊL-FASGED	GÊM
SYMUDIAD	CHWARAEWR
BEIC	STADIWM
GOLFF	TÎM
CAMPFA	TENIS
GYMNASTEG	HYFFORDDWR
HOCI	ENILLYDD
PÊL FAS	I NOFIO

27 - Mythologie

```
H  N  M  D  I  A  L  A  W  M  H  Z  L  M
C  X  R  E  V  E  J  N  C  E  D  C  A  P
A  R  W  R  L  L  N  F  R  D  W  R  B  Z
K  X  G  Q  O  L  R  A  E  D  N  Y  Y  J
K  B  I  E  D  X  T  R  U  W  E  F  R  T
D  E  A  E  M  A  R  W  O  L  F  D  I  R
X  D  R  Y  D  I  F  O  H  R  O  E  N  Y
C  H  W  E  D  L  J  L  A  U  E  R  T  C
L  R  R  F  U  Q  C  D  P  D  D  A  H  H
N  C  E  N  F  I  G  E  N  Z  D  O  A  I
U  Y  S  A  Z  Q  R  B  W  B  S  P  L  N
Z  T  Y  M  D  D  Y  G  I  A  D  B  X  E
A  J  E  H  B  U  Q  R  F  I  F  H  B  B
R  W  A  L  B  E  R  H  Y  F  E  L  W  R
```

MELLT	CRYFDER
CREU	RHYFELWR
MEDDWL	CHWEDL
LABYRINTH	HUDOL
YMDDYGIAD	ANFARWOLDEB
ARWR	TRYCHINEB
ARWRES	MARWOL
NEFOEDD	CREADUR
CENFIGEN	DIAL

28 - Vakantie #1

```
O  R  J  D  O  T  T  Y  W  F  C  L  X  Z
T  T  N  R  G  O  W  L  M  P  J  Ê  Y  V
B  O  B  I  X  L  R  X  W  B  M  U  S  Q
A  A  C  Y  B  L  I  O  E  B  A  S  I  S
C  M  A  Y  R  A  S  A  J  K  S  R  C  M
K  G  R  M  N  U  T  D  I  L  S  B  É  U
P  U  L  L  Y  N  I  N  O  F  I  O  C  L
A  E  F  A  H  K  A  W  Y  R  E  N  D  C
C  D  E  C  K  L  I  K  Q  W  A  I  O  T
K  D  X  I  L  A  D  A  I  T  H  I  O  T
C  F  G  O  F  N  R  T  R  A  M  U  C  O
N  A  I  K  T  Z  A  R  I  A  N  H  C  H
L  J  G  M  X  Y  A  M  S  E  R  L  E  N
Y  M  A  D  A  W  I  A  D  E  Q  E  D  K
```

CAR
TOLLAU
DAITH
TOCYN
CÊS
LLYN
AMGUEDDFA
YMLACIO
YMBARÉL

AMSERLEN
BACKPACK
TWRISTIAID
TRAM
ARIAN
YMADAWIAD
AWYREN
I NOFIO

29 - Eten #1

```
C I G U Y G G K S H O O H V
S I W G R W A X I Y U G A X
H H G X M O R O N W B J I H
N U T V X N L L A E T H D A
B R I C Y L L X M I V M D L
C Y W S L V E R O U E E S E
T N N G B E G R N M R F Y N
I R A K S I M J M M F U R G
O F S U D D G O I L L S V E
Q W W N D U X O N M C A W L
G O K I I A V J G L G L H L
P D B O S Q E D B L U A Z Y
E D U N O B L A I T Y D O G
B A S I L Y Y V R A Z S C J
```

MEFUS
BRICYLL
BASIL
LEMON
HAIDD
SINAMON
GARLLEG
LLAETH
GELLYG
CNAU DAEAR

SALAD
SUDD
CAWL
SBIGOGLYS
SIWGR
TIWNA
UNION
CIG
MORON
HALEN

30 - Avontuur

```
G W I B D A I T H I I R O P
J L V S Y N D O D Y P N E A
H L J N J H A R D D W C H R
J A Z A K A M C G I O Q F A
T W I T F W V Q L O R S A T
A E C U B S V L O G Z K Z O
C N I R F T V D Y E C T D I
Y Y A T P E R Y G L U S E S
N D F R H R L L Y W I O W H
P D R L F I M Y E C P R R U
V P P I E E O M I H S S D U
C J L A H E R I A U V G E U
N E W Y D D J O G S Y E R V
C Y R C H F A N L T U T A F
```

CYRCHFAN
GWIBDAITH
PERYGLUS
CYFLE
DEWRDER
ANHAWSTER
NATUR
LLYWIO
NEWYDD

ANARFEROL
TEITHIO
HARDDWCH
HERIAU
DIOGELWCH
SYNDOD
PARATOI
LLAWENYDD

31 - Circus

```
E  L  I  F  F  A  N  T  C  L  O  W  N  T
F  C  E  R  D  D  O  R  I  A  E  T  H  O
J  I  D  X  P  S  A  M  S  Q  L  E  R  C
M  W  N  C  I  A  I  H  U  D  L  I  H  Y
X  B  W  H  H  O  B  W  D  D  E  G  O  N
B  A  L  W  N  A  U  E  G  E  W  R  D  G
D  I  D  D  A  N  U  M  L  L  W  A  F  W
C  A  N  D  Y  D  G  R  M  L  W  I  A  I
U  H  W  V  A  J  W  F  K  N  M  R  N  S
B  O  Y  X  S  U  Y  X  C  T  J  J  T  G
A  N  I  F  E  I  L  I  A  I  D  A  R  O
I  E  M  V  C  I  I  P  X  X  S  P  I  E
N  Z  O  W  S  U  W  S  Z  M  T  D  C  D
G  S  X  Y  A  C  R  O  B  A  T  R  B  D
```

MWNCI	HUD
ACROBAT	CERDDORIAETH
BALWNAU	ELIFFANT
CLOWN	RHODFA
ANIFEILIAID	CANDY
DEWIN	PABELL
SIWGLWR	TEIGR
TOCYN	GWYLIWR
GWISGOEDD	TRIC
LLEW	DIDDANU

32 - Restaurant #2

```
R  M  C  F  F  D  S  C  V  B  Z  R  P  L
H  E  A  E  F  U  O  A  S  P  F  C  C  L
O  T  X  M  V  O  C  W  Y  A  U  A  B  Y
C  A  C  E  N  S  R  L  E  N  W  D  L  S
H  R  R  N  G  N  C  P  T  S  E  A  I
A  O  L  W  F  C  I  N  I  O  B  I  S  A
L  S  Q  L  M  E  K  Â  Q  U  E  R  U  U
E  S  P  M  W  T  Q  W  O  W  I  Y  S  K
N  S  Q  N  P  Y  S  G  O  D  S  D  Ŵ  R
D  I  O  D  S  D  O  W  S  J  Y  D  U  N
O  O  A  T  A  C  F  Z  M  E  S  F  T  L
N  J  U  L  L  Q  L  R  F  W  N  F  N  N
X  W  X  Y  A  F  F  R  W  Y  T  H  M  L
N  C  H  I  D  Z  I  F  W  N  K  M  F  C
```

CACEN	AROS
CINIO	SALAD
DIOD	CAWL
WYAU	SBEISYS
FFRWYTH	CADEIRYDD
LLYSIAU	PYSGOD
BLASUS	FFORC
IÂ	DŴR
LLWY	HALEN
NWDLS	

33 - Bijen

```
G  M  I  U  L  W  B  I  T  V  T  A  W  E
A  B  Ê  V  R  T  L  N  B  L  O  D  A  U
R  B  U  L  E  C  O  S  Y  S  T  E  M  F
D  B  N  D  L  X  D  Q  M  U  I  N  R  F
D  G  R  N  D  V  Y  C  W  C  H  Y  Y  R
C  W  Y  R  M  I  N  U  G  K  P  D  W  W
R  O  D  U  X  X  O  T  H  Q  J  D  I  Y
P  E  I  L  L  I  O  L  Z  Y  K  S  A  T
M  V  M  B  R  E  N  H  I  N  E  S  E  H
P  R  Y  F  E  D  P  A  I  L  L  G  T  B
H  S  X  H  X  O  J  I  R  V  U  I  H  W
L  A  T  N  S  D  S  D  X  D  V  U  X  Y
J  F  U  L  O  C  Y  N  E  F  I  N  J  D
X  T  R  L  O  Q  O  L  M  A  G  C  L  V
```

PEILLIO	BRENHINES
CWCH	MWG
BLODAU	PAILL
BLODYN	GARDD
AMRYWIAETH	ADENYDD
ECOSYSTEM	BWYD
FFRWYTH	BUDDIOL
CYNEFIN	CWYR
MÊL	HAUL
PRYFED	HAID

34 - School #1

```
F O C C A D E I R Y D D S C
F C P I A Z A M M H R L O M
R U A D N R K F C W I S S A
I F P D B I H F U L A F R T
N T U Y L P O O X X P C A H
D D R S L O H L L I C I T U
I E L G Y B N D Y I V W H Z
A S L U F K L E C A A Y R C
U G Y Q R K W R B T S D O U
Z S F U G B X I C E A D A K
I V R P E N S I L B F O O U
B L A F L H W Y L I D R Y X
R Z U Z L L S N J O T V Q C
C O R L A N N A U N R N E L
```

WYDDOR
ATEBION
LLYFRGELL
LLYFRAU
DESG
RHIFAU
ARHOLIADAU
ATHRO
I DDYSGU
CINIO

FFOLDERI
PAPUR
CORLANNAU
HWYL
PENSIL
CWIS
CADEIRYDD
FFRINDIAU
MATH

35 - Wandelen

```
E S G I D I A U R K H E B M
C A N L L A W I A U A C W Y
N I A H Z W U K Y C U E T N
R P T Y W Y D D Q Y L R Q Y
G Y U D L E F F Z F Q R J D
M J R S W I C L M E G I G D
A N I F E I L I A I D G W H
P E R Y G L O N T R P Ŵ E I
U A G I G S G E R I A B R N
Z W R W E C W D W A R V S S
O Q D A Y K Y I M D C T Y A
Y W T L T L N G Y X I Z L W
K Q F X R O L B A X A K L D
Z W K X W R I T D G U K A D
```

MYNYDD
ANIFEILIAID
PERYGLON
CANLLAWIAU
MAP
GWERSYLLA
CLOGWYN
HINSAWDD
ESGIDIAU
FLINEDIG

NATUR
CYFEIRIAD
PARCIAU
CERRIG
PARATOI
DŴR
TYWYDD
GWYLLT
HAUL
TRWM

36 - Ecologie

```
C R K L F U K B M M N M U L
Y W H L J L B K P O I Y J C
N K I Y P I O D M R K N R V
A N N S W I G R B O F Y F N
L A S T O O W Y A L X D C A
I T A Y U M G O N A M D G T
A U W F G F F A W N A O O U
D R D I B P V D E B D E R R
W K D A Z Q W Q L T J D S I
Y C Y N E F I N E V H D D O
J U C T G O R O E S I A K L
B Y D E A N G W J Y X D U G
C Y M U N E D A U H M Y Q A
A M R Y W I A E T H L N D B
```

MYNYDDOEDD   HINSAWDD
AMRYWIAETH   MOROL
CYNALIADWY   GORS
FFAWNA   NATUR
FLORA   NATURIOL
CYMUNEDAU   GOROESI
BYD-EANG   RHYWOGAETHAU
CYNEFIN   LLYSTYFIANT

37 - Installaties

```
P  G  C  O  E  D  I  F  G  A  R  D  D  T
E  W  O  U  H  V  C  L  L  W  Y  N  F  Y
R  R  E  C  F  L  M  O  L  R  S  A  L  F
L  A  D  A  I  L  S  R  O  A  Y  Y  Y  U
Y  I  W  C  W  O  G  A  C  S  J  B  B  G
S  D  I  T  B  Q  L  L  B  B  T  N  H  W
I  D  G  U  L  H  A  L  T  Z  P  Y  E  R
A  B  J  S  R  F  S  Y  J  S  B  L  E  T
U  I  X  J  X  M  W  S  O  G  L  F  F  A
A  E  R  O  N  G  E  I  O  C  O  E  X  I
W  B  X  Q  O  Q  L  E  I  D  D  E  W  T
O  E  P  G  G  T  L  U  C  D  Y  O  V  H
B  A  M  B  Ŵ  D  T  E  D  B  N  H  Q  G
S  R  N  N  Z  K  S  G  N  M  V  E  D  K
```

BAMBŴ	TYFU
AERON	EIDDEW
BLODYN	PERLYSIAU
COED	GWRTAITH
FFA	MWSOGL
COEDWIG	LLYSIEUEG
CACTUS	LLWYN
FLORA	GARDD
DAIL	GWRAIDD
GLASWELLT	

38 - School #2

```
G W Y D D O N I A E T H L C
L L E N Y D D I A E T H L O
A C A D E M A I D D C O Y R
B H G P E N S I L W Y C F L
B W T X A X J X C N F N R A
P G S P U P S I S W R N A N
I R Q Z G N U U E A I B U N
C A L E N D R R S D F A Q A
W M G P M Q R E G D I C F U
M A T H X G S D I Y A K J I
M D A T H R O L D S D P H Z
H E L Y C O J T I G U A P K
O G T J L W N H A G R C C W
O W M Q A N U R U S Q K L N
```

ACADEMAIDD
LLYFRAU
BWS
CYFRIFIADUR
GRAMADEG
CALENDR
ATHRO
LLENYDDIAETH
ADDYSG

PAPUR
CORLANNAU
PENSIL
BACKPACK
SISWRN
ESGIDIAU
GWYDDONIAETH
MATH

39 - Oceaan

```
W U X E G M A C W C H S O H
G Y C E D G O W P I X T C A
P X S B Y B E R D Y S O T L
E H C T V F J E F M X R O E
J F Y S R Y S L J I U M P N
S J C P L Y M X D Q L S W R
I P G R L T S I W N A S T
A B A E Y Q C W Z S W Z F T
R D C L S E T P J N Q F J P
C H E R Y D O L F F I N C Y
L L A N W H N F B Y E O R S
P X K A O B N O P Q I D A G
R N J K D O A L G Â U D N O
F L Q Z N G U N D R F I C D
```

LLYSYWOD
ALGÂU
CWCH
DOLFFIN
BERDYS
LLANW
TONNAU
SIARC
CWREL
CRANC

OCTOPWS
WYSTRYS
CRWBAN
NODDI
STORM
TIWNA
PYSGOD
MORFIL
HALEN

40 - Landen #2

```
E K A J T O F F R A I N C L
S O M A L I A R W T W D I I
L N E P I J L X S P E E N B
V T C A B M E T I E R N D A
D D S N E E A J A Q D M O N
E B I N R L T L P F D A N U
C H C K I F A H A C O R E S
S N O E A F C O I Y N C S P
U G A N D A M K S O S H I W
H P S Y M V N N A Q P I A C
Y Z U A B L B B S Y R I A R
N E P A L D Q C F V B O A Á
G W L A D G R O E G H E Y I
E H I N I G E R I A C C F N
```

DENMARC
ETHIOPIA
FFRAINC
GWLAD GROEG
IWERDDON
INDONESIA
JAPAN
KENYA
LAOS
LIBANUS

LIBERIA
MALAYSIA
MECSICO
NEPAL
NIGERIA
UGANDA
WCRÁIN
RWSIA
SOMALIA
SYRIA

41 - Bloemen

```
P  G  A  R  D  E  N  I  A  X  P  L  M  T
J  A  S  M  I  N  E  K  L  F  L  L  A  I
M  T  B  L  A  F  A  N  T  P  U  Y  G  W
W  E  H  I  Y  L  L  I  L  Y  M  G  N  L
O  G  I  E  A  P  E  O  N  Y  E  A  O  I
H  E  B  L  E  B  L  G  Q  Z  R  D  L  P
K  I  I  P  L  S  O  C  G  K  I  Y  I  U
L  R  S  E  E  I  G  T  E  J  A  D  A  G
U  I  C  D  L  T  O  J  B  R  D  Y  N  N
D  A  U  L  T  I  A  N  N  H  Q  D  O  V
N  N  S  T  U  S  W  L  M  O  U  D  G  H
N  W  Q  C  O  V  A  V  C  S  F  Z  M  Y
W  B  Q  D  S  D  A  N  T  Y  L  L  E  W
L  Y  I  N  L  H  D  Y  W  N  Z  C  C  N
```

PETAL	LLYGAD Y DYDD
TUSW	MAGNOLIA
GARDENIA	TEGEIRIAN
HIBISCUS	DANT Y LLEW
JASMINE	PABI
MEILLION	PEONY
LAFANT	PLUMERIA
LILY	RHOSYN
LELOG	TIWLIP

42 - Huisdieren

```
R U C D Q O N R Q O D Q D E
K M I L F E D D Y G Ŵ A I Q
I D E S L M Y D A A R O B S
V R N H B Y U C X F C A T H
P S A P U O G C M R R H C N
P Y M C W C O O A K A A W P
C C S Y C Y H L D W F M N A
R Ŵ Y G H K D E F E A S I R
W N S M O B P R A J N T N O
B B R E I D W Z L A G E G T
A A R C W F B Y L U A R E G
N C Y N F F O N D J U J N W
C H O S K W J N S R D T Z K
B J H V I L V N F O C A V Y
```

MILFEDDYG
GAFR
MADFALL
HAMSTER
CI
CATH
CRAFANGAU
BUWCH
CWNINGEN

COLER
LLYGODEN
PAROT
CŴN BACH
CRWBAN
CYNFFON
PYSGOD
BWYD
DŴR

43 - Landschappen

```
Y  L  I  G  A  F  O  N  H  P  L  L  Y  N
J  L  G  E  N  F  C  R  H  E  W  L  I  F
O  O  E  Y  P  J  X  T  U  N  D  R  A  A
Q  S  W  S  N  Y  G  W  E  R  D  D  O  N
L  G  E  E  U  K  D  D  A  H  E  H  M  I
R  F  G  R  K  V  X  Y  U  Y  N  Y  S  A
M  Y  N  Y  D  D  I  Â  F  N  X  A  E  L
M  N  R  H  A  E  A  D  R  F  B  N  C  W
A  Y  A  C  N  K  D  J  S  Y  R  R  E  C
V  D  N  T  R  A  E  T  H  L  Y  Y  F  H
L  D  T  Y  R  L  B  W  G  F  N  Q  N  Z
M  Ô  R  X  D  X  I  R  L  O  G  O  F  Q
E  K  D  V  F  D  Z  V  I  Q  R  Z  O  L
P  M  L  J  O  J  M  X  U  P  P  S  R  Y
```

MYNYDD
YNYS
GEYSER
RHEWLIF
OGOF
BRYN
MYNYDD IÂ
LLYN
GORS
WERDDON

CEFNFOR
AFON
PENRHYN
TRAETH
TUNDRA
DYFFRYN
LLOSGFYNYDD
RHAEADR
ANIALWCH
MÔR

44 - Tuin

```
W  C  C  C  H  W  Y  N  U  P  P  C  W  L
K  H  A  O  C  I  D  J  L  I  B  W  B  R
C  V  E  E  H  Y  Z  U  X  B  L  G  L  R
O  R  T  D  Q  A  N  A  O  E  A  L  O  L
F  H  T  E  K  G  C  T  S  L  W  A  D  H
M  A  I  N  C  A  R  R  E  L  N  S  Y  A
D  C  D  Z  K  R  E  A  G  D  T  W  N  M
G  A  R  E  J  D  I  M  O  J  D  E  J  M
R  R  H  A  W  D  G  P  L  U  E  L  O  O
T  E  R  A  S  L  I  O  P  L  T  L  I  C
F  F  E  N  S  N  A  L  K  I  W  T  A  K
L  N  H  Z  R  A  U  Î  H  N  M  Y  P  V
H  G  E  Y  Z  W  I  N  W  Y  D  D  N  F
E  E  M  W  P  M  P  F  C  D  F  E  F  Z
```

MAINC	CREIGIAU
BLODYN	RHAW
COED	PIBELL
GAREJ	LLWYN
LAWNT	TERAS
GLASWELLT	TRAMPOLÎN
HAMMOCK	GARDD
RHACA	CYNTEDD
FFENS	PWLL
CHWYN	WINWYDD

45 - Katten

```
C H W I L F R Y D I G R H U
P E R S O N O L I A E T H E
L Z W A A N N I B Y N N O L
G W Y L L T C U D U C B X L
C H W A R E U S S W I L I Y
L Y J E P K A Y C H Y D I G
S F S K B V H X U O N F C O
G F R G P E A Y S W F S R D
U F Q E U T U J P M I Q A E
C W C Y F L Y M M O G X F N
G R A O V X Y K J P G L A L
E W A H M B C Y N F F O N O
P A W Z E D A F E D D D C J
H E L W Y R B B Q U S R I E
```

FFWR
EDAFEDD
CRAZY
HELWYR
CRAFANC
YCHYDIG
LLYGODEN
CHWILFRYDIG
ANNIBYNNOL

PERSONOLIAETH
PAW
CYSGU
CYFLYM
CHWAREUS
CYNFFON
SWIL
GWYLLT

46 - Beroepen #2

```
F  D  A  R  L  U  N  Y  D  D  A  Y  N  F
F  I  G  O  F  O  D  W  R  B  T  E  E  F
E  T  F  M  A  Y  P  N  Y  S  H  K  W  O
R  E  Z  R  P  P  V  Q  F  Y  R  U  Y  T
M  C  X  B  E  L  V  I  G  B  O  A  D  O
W  T  P  E  I  N  T  I  W  R  N  T  D  G
R  I  O  P  L  O  O  F  Z  M  Y  H  I  R
L  F  Z  Z  O  H  L  K  L  E  D  R  A  A
Z  E  T  F  T  X  Q  E  O  D  D  O  D  F
I  E  I  T  H  Y  D  D  G  D  E  B  U  F
L  L  Y  F  R  G  E  L  L  Y  D  D  R  Y
G  A  R  D  D  W  R  U  H  G  D  V  W  D
R  M  U  M  D  E  I  N  T  Y  D  D  R  D
P  E  I  R  I  A  N  N  Y  D  D  Y  S  V
```

MEDDYG
GOFODWR
LLYFRGELLYDD
BIOLEGYDD
FFERMWR
DITECTIF
ATHRONYDD
FFOTOGRAFFYDD
DARLUNYDD

PEIRIANNYDD
NEWYDDIADURWR
ATHRO
IEITHYDD
PEILOT
PEINTIWR
DEINTYDD
GARDDWR

47 - Dagen en Maanden

```
G O B E D Y D D I A U A M C
D O B L W Y D D Y N O W E A
Y D R L J C D Y V P S S D L
D Y C F C H Y D R E F T I E
D D T B F W C K M P J P G N
L D A L J E F T Y A L A M D
L S C W M F N X N D W V U R
U U H X L R I N U G W R Z M
N L W Z B O O L A K Y I T E
N L E M B R C J Z F T O L H
D Y D D S A D W R N H N T E
Q I D F O H H S S M N A L F
J B T C T O Y U D I O W O I
M A W R T H E C I S S R K N
```

AWST	MIS
DYDD MAWRTH	DYDD LLUN
DYDD IAU	MAWRTH
CHWEFROR	TACHWEDD
BLWYDDYN	HYDREF
IONAWR	MEDI
GORFFENNAF	WYTHNOS
MEHEFIN	DYDD SADWRN
CALENDR	DYDD SUL

48 - Beeldende Kunsten

```
C A M P W A I T H W L Z N N
W S O C C U O X X J Z F Y O
Y Q C R E A D I G R W Y D D
R U C L R F B X C T K H C F
P E N S A E R N Ï A E T H F
S A X C M P P E N S I L K O
A F U J E O R E V I G M E T
F L T M G R V C N A L L T O
B C L A I T F F I L M M H G
W Z J V O R B L C C O I I R
Y L M L V E D K U Z R R G A
N A Y N A A F A R N A I S F
T C G R W D A R T I S T B F
C Y F A N S O D D I A D S W
```

PENSAERNÏAETH
ARTIST
CERFLUN
CREADIGRWYDD
FFILM
FFOTOGRAFF
CERAMEG
CLAI
SIALC

CAMPWAITH
PEN
SAFBWYNT
PORTREAD
PENSIL
CYFANSODDIAD
FARNAIS
CWYR

49 - Menselijk Lichaam

```
T Y C O E S J I Y R R Z F T
L E M T W T V T S R Y G T A
C R O E N C S E G C I W R F
S M A X N G U D W L L A W O
X B U A R N T E Y U T E Y D
P E N K P A Y B D S Y D N X
E E N Z A P B D D T G V N L
N D N T T C D O D O R A O U
E B O G A L O N G E G F M J
L B V K L L Y G A D G F Y G
I P H U O I D P F V E Ê A W
N U D T R A N B O L A R W D
I P Q Ê C H Y Y G E X W Z D
Y D Z Q N I V S H B I U C F
```

COES
GWAED
PENELIN
FFÊR
LLAW
GALON
YMENNYDD
PEN
CROEN
ÊN

PEN-GLIN
BOLA
GEG
GWDDF
TRWYN
LLYGAD
CLUST
YSGWYDD
TAFOD
BYS

50 - Familie

```
P  H  I  J  W  C  M  M  L  Z  V  G  H  H
W  Y  R  E  S  T  P  L  E  N  T  Y  N  X
M  G  Z  K  M  A  A  G  Ŵ  R  U  U  A  M
C  Z  P  X  W  I  K  F  W  P  C  W  I  Ŵ
H  H  L  M  O  D  R  Y  B  R  T  H  R  Y
W  Y  E  E  W  Y  T  H  R  F  A  T  O  R
A  P  N  A  I  N  Q  H  S  K  D  I  S  Z
E  H  T  A  D  O  T  G  S  A  O  A  G  A
R  B  Y  P  F  A  M  R  U  R  L  E  P  T
E  V  N  N  Z  I  P  L  A  N  T  P  J  B
B  B  D  O  W  I  A  N  I  T  H  Q  H  R
P  C  O  O  K  N  Y  D  X  B  X  P  U  A
D  C  D  R  C  G  Z  J  F  G  U  I  S  W
A  L  H  D  Z  L  S  D  E  L  G  G  H  D
```

BRAWD	NAI
MERCH	NITH
NAIN	EWYTHR
PLENTYNDOD	TAID
PLENTYN	MODRYB
PLANT	TAD
WYRES	TADOL
ŴYR	HYNAFIAD
GŴR	GWRAIG
FAM	CHWAER

51 - Gebouwen

```
A B Q L V V T G U C M C J C
R P N W Y F T W Z H G Z H A
P K M D S F T K R W N E Z S
W A W M G L K H P A O S G T
A R H U U A M F E C F U E E
M S F M B T R F X A W S P L
G Y S G O L B E Y B T G R L
U L I W R H W R J A G R I A
E L N E Z Z N M I N Z V F B
D F E S S F F A T R I U Y O
D A M T S T A D I W M L S R
F K A Y S B Y T Y B K J G D
A R C H F A R C H N A D O Y
Q M F H Q S P T P A B E L L
```

FFLAT
SINEMA
FFERM
CABAN
FFATRI
GAREJ
GWESTY
CASTELL
LABORDY
AMGUEDDFA

ARSYLLFA
YSGOL
YSGUBOR
STADIWM
ARCHFARCHNAD
PABELL
THEATR
TWR
PRIFYSGOL
YSBYTY

52 - Kunst

```
H W Y L I A U Z F L E R M S
F F I G U R C E R A M I G E
Y G C Y F A N S O D D I A D
B I H S A Y E H C T V W B O
S Y M B O L S F K R A S B N
W B A R D D O N I A E T H E
R S C Y M H L E T H P U A S
E Y C D P O R T R E A D U T
A M E O M Y N E G I A N T D
L L R L G W R E I D D I O L
A P F I P Z P E R S O N O L
E W L G W E L E D O L P E P
T N U N S O E T N V B B H M
H C N E P A E N T I A D A U
```

CERFLUN
CYMHLETH
CREU
SYML
ONEST
FFIGUR
YSBRYDOLI
HWYLIAU
CERAMIG
PWNC

GWREIDDIOL
PERSONOL
BARDDONIAETH
PORTREADU
CYFANSODDIAD
PAENTIADAU
SWREALAETH
SYMBOL
MYNEGIANT
GWELEDOL

53 - Beroepen #1

```
S  O  G  D  F  M  D  C  J  S  M  P  P  Z
E  L  O  A  W  F  S  Y  L  G  E  L  I  M
I  L  L  W  S  M  E  F  I  B  D  Y  A  G
C  Y  Y  N  B  U  R  R  M  M  D  M  N  E
O  S  G  S  A  W  Y  E  Y  I  Y  W  Y  M
L  G  Y  I  N  C  D  I  X  L  G  R  D  Y
E  E  D  W  C  O  D  T  Z  F  L  P  D  D
G  N  D  R  I  L  W  H  F  E  N  Y  E  D
Y  N  H  R  W  A  R  I  K  D  Y  W  D  H
D  A  E  A  R  E  G  W  R  D  R  L  O  D
D  D  L  H  S  S  C  R  N  Y  S  N  R  G
Z  O  W  J  C  A  H  T  S  G  U  J  P  B
N  I  Y  C  E  R  D  D  O  R  U  V  W  B
C  A  R  T  O  G  R  A  P  H  E  R  X  E
```

CYFREITHIWR
LLYSGENNAD
FFERYLLYDD
SERYDDWR
BANCIWR
CARTOGRAPHER
DAWNSIWR
MILFEDDYG
MEDDYG

GOLYGYDD
DAEAREGWR
HELWYR
GEMYDD
PLYMWR
CERDDOR
PIANYDD
SEICOLEGYDD
NYRS

54 - Kastelen

```
T Y K P S B A J D F T C U A
A T M U A T G T E F Y E N R
R F C E V L O S Y I W F I G
I N T I R B A B R W Y F C D
A E U W D O I S N D S Y O U
N O D A R N D G A A O L R N
O Y Y L Z H D R S L G M N G
L L N G I E R C A R E A C E
Z Q E O L D A Q R E S R L O
W H S R M D I Z F Z T C E N
S R D O O I G T W E J H D I
W Y R N B G Q L I E A O D A
C H A U T Y W Y S O G G Y P
C A T A P U L T G T W T F G
```

DDRAIG
DYNES
BONHEDDIG
UNICORN
FFIWDAL
ARFWISG
CATAPULT
DUNGEON
DEYRNAS
GORON

WAL
CEFFYL
PALAS
TYWYSOG
TYWYSOGES
MARCHOG
YMERODRAETH
TARIAN
TWR
CLEDDYF

55 - Insecten

```
M  G  T  K  Q  N  G  W  Y  F  Y  N  O  K
O  L  E  U  F  C  W  W  K  M  T  C  H  G
S  Ö  R  B  Y  L  A  R  F  A  P  H  I  D
G  Y  M  I  N  E  S  C  K  F  J  W  W  F
I  N  I  E  L  B  Y  H  Y  L  O  I  G  A
T  B  T  T  O  S  N  W  C  N  Y  L  W  G
O  Y  E  Y  C  P  E  I  T  B  E  E  E  I
M  W  A  S  U  L  I  L  J  W  P  N  N  J
O  A  E  D  S  J  D  E  N  P  T  D  Y  N
R  L  N  Z  T  F  R  N  Q  H  M  D  N  Z
G  Y  Z  T  C  H  W  A  I  N  D  U  J  C
R  W  B  H  I  C  I  C  A  D  A  U  G  H
U  Y  C  K  M  S  P  R  Y  F  I  V  V  X
G  T  N  I  B  U  L  T  K  Z  E  X  Z  V
```

MANTIS	GWYFYN
GWENYN	MOSGITO
APHID	LOCUST
CICADA	TERMITE
CHWILEN DDU	GLÖYN BYW
CHWILEN	CHWAIN
LARFA	CACYNEN
GWAS Y NEIDR	PRYF
MORGRUG	

56 - Antarctica

```
T O P O G R A F F E G G I R
P E N G W I N I A I D F Z Q
P Q G D A I T H V B L R C O
Y F A W X N Z R O C A H X Z
N C M C Y F A N D I R E Y C
Y R G M C D D W K P I W M A
S E Y W Y G D Ŵ F N Â L C D
O I L Y M P C O R F Y I H W
E G C N Y E J E N F L F W R
D I H A L N X N W O R O I A
D O E U A R Z Y B K L E L E
I G D J U H M U D O F D Y T
S Y D W T Y M H E R E D D H
K H C N O N I A Z R U M D S
```

BAE
CADWRAETH
CYFANDIR
YNYSOEDD
DAITH
RHEWLIFOEDD
IÂ
MUDO
MWYNAU
AMGYLCHEDD

YMCHWILYDD
PENGWINIAID
CREIGIOG
PENRHYN
TYMHEREDD
TOPOGRAFFEG
DŴR
GWYDDONOL
CYMYLAU

57 - Ballet

```
C E R D D O R I A E T H F C
G O S G E I D D I G M A P Y
C O R E O G R A F F I R K F
C Y M E R A D W Y A E T H A
A O H T E C H N E G F I S N
R D W Y S E D D L Y B S H S
D P C E R D D O R F A T M O
D G H K H A A Y F P O I R D
U W T Q Y P U W M D A G G D
L E H B T W B U N A W D G W
L R O D H J U M C S R K J R
Y S T U M C G B L K W F S T
W I K Q B C G C K J D Y E K
G Y N U L L E I D F A T R R
```

CYMERADWYAETH
ARTISTIG
COREOGRAFFI
CYFANSODDWR
DAWNSWYR
YSTUM
DWYSEDD
GWERSI
CERDDORIAETH

CERDDORFA
GYNULLEIDFA
YMARFER
RHYTHM
GOSGEIDDIG
UNAWD
CYHYRAU
ARDDULL
TECHNEG

58 - Vissen

```
G W I F R E N A D A M T R I
Z J B T C W C H Ŵ F S A C O
S O K X Y Z K Y R O V G U Y
K P H K J M C H L N Q E Y I
H W J Y H Q O F F E R L A J
C Y X N J A G R S G A L B Y
E S G Y L L I L Q C F A W J
B A S G E D N L B C P U Y W
T U U Y Y F I Y A E R G D N
R S J Ê C E O N C F S H A Q
A M Y N E D D V H N L W J L
E S B O N I A D Y F W Q W D
T G K Z C I B K N O K O E N
H C G N M K K L P R Y I G X
```

ABWYD
OFFER
CWCH
GWIFREN
AMYNEDD
PWYSAU
BACHYN
ÊN
TAGELLAU
COGINIO

BASGED
LLYN
CEFNFOR
ESBONIAD
AFON
TYMOR
TRAETH
ESGYLL
DŴR

59 - Fruit

```
N L H B A N A N A F Z T A K
R E H M F F I G L Z O N V F
Y M C K O F Q T P O C M B V
P O E T C L O T H T A W A F
S N I P A P A I A H B P L T
B N R O D R J A W P R Q S Z
X C I E O C I L M W I L Y A
I X O R E N M N M D C A B M
L C S U P A G A E W Y N X E
D I P G Z U G A F A L Q U L
M W Z E G C N E R O L A Y O
P I I U A O G R A W N W I N
M A N G O C P O E I R I N C
Z Q C R S O H N G E L L Y G
```

BRICYLL
AFAL
AFOCADO
BANANA
AERON
LEMON
GRAWNWIN
MAFON
CEIRIOS
CIWI

CNAU COCO
MANGO
MELON
NECTARINE
OREN
PAPAIA
GELLYG
PEACH
EIRIN
FFIG

60 - Literatuur

```
C V B Y W G R A F F I A D C
H Y C Q D E I A L O G W D Y
W T M H A F J D C E R D D F
E R P H D B F R A Q B U A A
D O D L A C Q U F J A R D T
L S B V N R A R G L R O R E
O I E G S U I S D L N M O B
Z A B P O G V A G A E X D I
J D O F D H L I E L Y N D A
N H A R D D U L L T I M W E
T E H I I N O F E L H A R T
T H E M A R H Y T H M Q D H
W H G A D R Y C H I N E B Z
B A R D D O N O L P L K L H
```

CYFATEBIAETH
DADANSODDIAD
CHWEDL
AWDUR
BYWGRAFFIAD
CASGLIAD
DEIALOG
FFUGLEN
CERDD
BARN

TROSIAD
BARDDONOL
ODL
RHYTHM
NOFEL
ARDDULL
THEMA
DRYCHINEB
CYMHARIAETH
ADRODDWR

61 - Technologie

```
I  A  X  M  G  W  E  Y  S  R  C  J  I  F
I  M  X  G  C  F  I  G  G  H  Y  W  X  D
F  F  O  N  T  F  M  F  R  Y  F  P  P  Y
V  E  Z  F  L  E  O  I  I  N  R  K  M  S
F  M  K  Y  N  I  P  T  N  G  I  Y  E  T
D  I  O  G  E  L  W  C  H  R  F  D  D  A
Y  D  U  R  G  U  B  A  C  W  I  A  D  D
R  M  I  C  E  X  Y  M  Y  Y  A  T  A  E
Z  R  C  G  S  W  T  E  R  D  D  A  L  G
H  V  S  H  I  D  E  R  C  O  U  U  W  A
B  U  O  I  W  D  S  A  H  Q  R  G  E  U
Z  L  I  X  L  I  O  C  W  L  A  Z  D  D
T  P  O  R  W  R  L  L  R  W  Y  X  D  N
A  W  Z  G  R  R  H  I  T  H  W  I  R  A
```

NEGES	DATA
FFEIL	RHYNGRWYD
BLOG	FFONT
PORWR	YMCHWIL
BYTES	SGRIN
CAMERA	MEDDALWEDD
CYFRIFIADUR	YSTADEGAU
CYRCHWR	DIOGELWCH
DIGIDOL	RHITHWIR

62 - Boeken

```
D A T U D A L E N L D X P H
A A C A S G L I A D E B E A
N W R T D P K G P Y U A R N
T D Q L R B Z R J O O R T E
U U C L L A Z V Q E L D H S
R R E E D E S T O R I D N Y
K X R N O I N I F H A O A D
F H D Y N I O Y G X E N S D
K G D D I O F U D Z T I O O
Q D X D O F E X N D H A L L
E Z C O L Y L T J T R E E R
A P D L M C Y D D E S T U N
Y M I A D R O D D W R H L Q
E J U G B U D D S O D D I Q
```

AWDUR
ANTUR
TUDALEN
CASGLIAD
CYD-DESTUN
DEUOLIAETH
EPIG
CERDD
HANESYDDOL
DONIOL

BUDDSODDI
DARLLENYDD
LLENYDDOL
BARDDONIAETH
PERTHNASOL
NOFEL
TRASIG
STORI
ADRODDWR

63 - Meer Informatie

```
U  B  W  Z  I  F  F  R  W  Y  D  R  A  D
L  W  Z  B  D  D  O  O  O  L  W  S  W  G
B  L  H  U  Z  Q  R  B  L  A  N  E  D  W
U  V  Y  P  V  M  A  O  T  G  T  N  I  Y
F  V  B  F  A  K  C  T  Q  A  E  A  R  C
A  G  L  W  R  Q  L  I  U  L  C  R  G  H
D  L  B  B  H  A  E  A  T  A  H  I  E  E
V  Y  I  Y  I  C  U  I  O  E  N  O  L  I
G  Y  S  D  T  D  P  D  P  T  O  V  U  T
T  K  P  T  H  M  Q  T  I  H  L  X  E  H
C  Â  K  B  O  M  B  U  A  W  E  T  C  A
L  M  N  Y  L  P  U  G  Z  Q  G  K  V  F
N  I  V  D  N  Q  I  S  I  N  E  M  A  O
D  Y  F  O  D  O  L  A  I  D  D  T  Z  L
```

SINEMA	DIRGEL
LLYFRAU	ORACLE
TÂN	BLANED
DYSTOPIA	ROBOTIAID
FFRWYDRAD	SENARIO
EITHAFOL	GALAETH
GWYCH	TECHNOLEG
DYFODOLAIDD	UTOPIA
RHITH	BYD

64 - Regenwoud

```
M R Q C Y M U N E D Y C V A
W H U Y J I U N F D J Y S M
S Q V N V O L G G I N M X R
O A H H M P A R C H A Y Q Y
G D G E O Z R I B C W L N W
L X W N K H U Y P J F A A I
Y K E I K T U S F J M U T A
Y G R D R W D I T E F P U E
B O T A N E G O L G D E R T
A R H D C A D W R A E T H H
D O F A L L O C H E S N D A
F E A R H I N S A W D D Z U
E S W H I J P I E J Y N G L
R I R H Y W O G A E T H A U
```

CADWRAETH
BOTANEGOL
AMRYWIAETH
CYMUNED
CYNHENID
PRYFED
JYNGL
HINSAWDD
MWSOGL

NATUR
GOROESI
PARCH
ADFER
RHYWOGAETHAU
LLOCHES
ADAR
GWERTHFAWR
CYMYLAU

65 - Haartypes

```
S L V N K C A N B A Z J B L
G P L E T H E D I G L V G U
L M K Y H E B R O W N N N C
E X Y Z F A D T R W C H U S
I Q J T E N A U Q U Y I V F
N S Y C H A D I X F R R J G
I W C C U R L S G H L X T W
O G W Y N I L X R I I A C H
G P T G B A W A R S O I G W
R Y Y L L N Y M G E G I L K
N K Q Z O L D U O V T G T U
R G A J N Y I W O E H B N F
B A V V D Q M W U N L Y N G
G I O P T M E D D A L R H L
```

BLOND
BROWN
TRWCHUS
SYCH
TENAU
LLIW
PLETHEDIG
IACH
LLYFN
SGLEINIOG

LLWYD
MOEL
BYR
CURLS
CYRLIOG
HIR
GWYN
MEDDAL
ARIAN
DU

66 - Stad

```
A  F  P  R  I  F  Y  S  G  O  L  E  T  L
R  A  S  Z  L  C  C  L  I  N  I  G  H  L
C  R  F  I  D  O  Y  U  R  K  B  W  E  Y
H  C  B  D  O  O  H  K  R  C  B  E  A  F
F  H  Y  L  Y  P  U  S  N  M  E  S  T  R
A  N  F  S  T  A  D  I  W  M  C  T  R  G
R  A  I  W  I  Y  S  G  O  L  W  Y  J  E
C  D  Q  A  R  N  O  F  M  E  S  N  E  L
H  P  E  A  F  F  E  R  Y  L  L  F  A  L
N  A  B  E  N  A  N  M  I  R  L  B  N  W
A  M  G  U  E  D  D  F  A  E  E  A  P  U
D  M  A  E  S  A  W  Y  R  H  L  N  C  P
S  I  O  P  L  Y  F  R  A  U  D  C  E  X
S  I  O  P  F  L  O  D  A  U  G  B  M  C
```

FFERYLLFA	CLINIG
BECWS	MAES AWYR
BANC	FARCHNAD
LLYFRGELL	AMGUEDDFA
SINEMA	YSGOL
SIOP FLODAU	STADIWM
SIOP LYFRAU	ARCHFARCHNAD
SW	THEATR
ORIEL	PRIFYSGOL
GWESTY	SIOP

67 - Natuur

```
M U H T D S A C Y M Y L A U
K Y R X Z C X R H E W L I F
H A N F O D O L C H U F H A
J J T Y X G Y N M T G X A N
L B R C D T C I Y F I I R I
T D O Y C D L W K N X G D A
A W F S O G O L S T V W D L
W D A E E A G E T W A Y W W
E Y N G D F W A D L T L C C
L N N R W O Y O P D K L H H
N A O Y I N N D A I L T N U
I M L E G D I G W E N Y N R
Z I A N I F E I L I A I D B
Q G H E D D Y C H L O N L I
```

ARCTIG	NIWL
MYNYDDOEDD	AFON
GWENYN	HEDDYCHLON
COEDWIG	HARDDWCH
ANIFEILIAID	TAWEL
DYNAMIG	TROFANNOL
DAIL	HANFODOL
RHEWLIF	GWYLLT
CYSEGR	ANIALWCH
CLOGWYNI	CYMYLAU

68 - Dinosaurussen

```
M D Z J B W K N L I M C Y C
N I M K Y X M E L M A Y S Y
K F A E U P A S Y S I N G N
B L W D I W B B S E N F L H
S A R D I E F L I G T F Y A
E N F A W R W Y E A L O F N
Q I T E X U Z G U K G N A E
T A A A N S F I Y J U F E S
M D Y R H M G A N Z Z G T Y
U A U F H O E D B I Q X H D
F P M Y M L U S G I A I D D
Q L X O M N I V O R E Z X O
Z F Q D T F F O S I L A U L
A A F O N H A D E N Y D D Q
```

DDAEAR

ENFAWR

ESBLYGIAD

FFOSILAU

MAWR

MAINT

LLYSIEUYN

PWERUS

MAMOTH

OMNIVORE

CYNHANESYDDOL

YSGLYFAETH

YMLUSGIAID

CYNFFON

DIFLANIAD

DIEFLIG

ADENYDD

69 - Zoogdieren

```
E G O R I L A C J K C A E H
T L E Y S L K A N G A R O O
A E I K Y E A F A N C L S K
R W A F N W C W N I N G E N
W Y U M F U M J S G X J D Q
K D D S V A L L W Y N O G H
N I M Q X E N D U Y H D X P
R C O W Z R U T O B C I M I
V D R D U J W S T L E W W F
H M F E E Y J I R A F F N O
Y I I G C A M E L I F F C K
U M L J A S Y N H D Y D I F
M D F L T F A K U D L B T N
Y O K W H H R C O Y O T E P
```

MWNCI	KANGAROO
AFANC	CATH
COYOTE	CWNINGEN
DOLFFIN	LLEW
ASYN	ELIFFANT
GAFR	CEFFYL
JIRAFF	TARW
GORILA	LLWYNOG
CI	MORFIL
CAMEL	BLAIDD

70 - 1 Jaar Geleden

```
C L A F I E F S U Y A Q H A
V Y S W Y N O L U M F D Y R
G E M V J H M N B A D O D T
A N G E R D D O L R D R E I
N U S F D A V D D F E M R S
N S C F O R Q E I E F P U T
I B E E E B O A B R N E S I
B S U I T J W L Y O Y N K G
Y L J T H D X L N L D D F A
N F S H H L K U A Â D A Q I
N F C L I A J S D N I N W H
O I F O B F E K W A O T B V
L A C N Q V L L Y H L J G B
C H W I L F R Y D I G U R J
```

ARTISTIG	HAEL
DDEFNYDDIOL	DEALLUS
CYMEDROL	CHWILFRYDIG
PENDANT	ANNIBYNNOL
DIBYNADWY	CLAF
SWYNOL	YMARFEROL
EFFEITHLON	LÂN
ANGERDDOL	DOETH
DA	HYDERUS

71 - Exploratie

```
D  I  W  Y  L  L  I  A  N  N  A  U  L  K
D  A  R  G  A  N  F  Y  D  D  I  A  D  D
D  B  C  A  N  I  F  E  I  L  I  A  I  D
A  N  H  Y  S  B  Y  S  N  E  W  Y  D  D
A  S  V  C  F  G  W  Y  L  L  T  H  E  Q
R  M  F  D  Z  F  P  P  H  G  U  Q  W  P
X  T  S  K  P  E  R  Y  G  L  O  N  R  D
N  U  J  V  F  Z  H  O  P  L  N  Z  D  C
G  W  E  I  T  H  G  A  R  E  D  D  E  U
O  P  G  K  A  K  H  A  T  X  A  F  R  F
F  P  I  K  I  I  D  D  Y  S  G  U  O  I
O  E  C  T  S  Y  T  T  E  I  T  H  I  O
D  L  W  S  K  D  Q  H  P  F  D  I  N  M
W  L  B  L  I  N  D  E  R  Q  P  Y  R  J
```

GWEITHGAREDD   CYFFRO
DIWYLLIANNAU   TEITHIO
ANIFEILIAID   GOFOD
PERYGLON   IAITH
I DDYSGU   TIR
DEWRDER   BLINDER
NEWYDD   PELL
ANHYSBYS   GWYLLT
DARGANFYDDIAD

72 - Voertuigen

```
C W C A R I S F F O R D D H
A W Y R E N O F E C S X A O
R C P B N M L E Q K M G G F
A O T L P Z L R M E W U C R
F B C V M W O I F T L J I E
A W V E F M N B E I C E L N
N S Q M D E G L O R I P Q N
F G W K L Y D F W I L N Q Y
U W G F T R A C T O R F W D
J T K X A B N Y L N T D P D
Y E X D C V F Z L C T F S Z
U R H P S M O D U R W R F G
P W U Z I G R E Q I F C Ê Z
A M B I W L A N S G Z G H N
```

AMBIWLANS
CAR
TIRION
CWCH
BWS
CARAFAN
BEIC
HOFRENNYDD
ISFFORDD
MODUR

LLONG DANFOR
ROCED
SGWTER
TACSI
TRACTOR
TRÊN
FFERI
AWYREN
LLU
LORI

73 - Geografie

```
P  Q  K  P  Z  C  I  B  J  Y  F  G  N  I
L  S  Z  L  L  E  D  R  E  D  S  O  Y  Q
H  E  M  I  S  F  F  E  R  J  C  G  G  O
R  O  D  P  A  N  O  P  Q  G  W  L  A  D
H  C  E  T  T  F  C  Y  H  Y  D  E  D  D
A  Y  H  T  E  O  Y  G  S  R  M  D  G  U
N  N  M  T  J  R  F  D  F  M  Y  D  O  C
B  Y  D  A  T  L  A  S  B  K  N  I  R  H
A  S  B  L  P  N  N  M  Ô  R  Y  N  L  D
R  E  C  R  A  J  D  G  A  B  D  A  L  E
T  V  G  E  F  I  I  L  A  L  D  S  E  R
H  V  Y  A  O  S  R  Y  Z  D  D  U  W  E
H  J  U  Z  N  C  Z  X  Z  X  G  U  I  R
M  E  R  I  D  I  A  N  T  R  I  V  N  Y
```

ATLAS
MYNYDD
LLEDRED
CYFANDIR
YNYS
CYHYDEDD
HEMISFFER
UCHDER
MAP
GWLAD

MERIDIAN
GOGLEDD
CEFNFOR
RHANBARTH
AFON
DINAS
BYD
GORLLEWIN
MÔR
DE

74 - Kunstbenodigdheden

```
R  D  Ŵ  R  K  L  U  B  V  O  E  H  T  C
L  W  D  U  G  D  E  R  H  I  L  V  R  R
C  L  P  E  N  S  I  L  I  A  U  E  C  E
A  W  I  K  T  E  N  K  G  L  U  D  W  A
M  Y  I  W  I  D  C  L  A  I  H  A  S  D
E  B  V  H  I  H  P  A  E  N  T  P  Y  I
R  E  H  Q  P  A  P  U  R  I  Z  U  N  G
A  K  J  A  T  W  U  Q  I  C  H  U  I  R
C  D  X  C  A  D  E  I  R  Y  D  D  A  W
I  Q  Z  R  B  D  H  V  R  M  K  F  D  Y
V  W  X  Y  L  F  X  W  X  W  E  S  A  D
T  V  D  L  K  Y  D  K  H  V  S  V  U  D
Y  H  M  I  O  D  R  H  W  B  I  W  R  G
Y  E  V  G  W  G  B  X  P  Z  F  V  M  W
```

ACRYLIG
CAMERA
CREADIGRWYDD
HAWDDFYD
RHWBIWR
SYNIADAU
INC
CLAI
LLIWIAU

GLUD
OLEW
PAPUR
PENSILIAU
CADEIRYDD
TABL
PAENT
DŴR

75 - Barbecues

```
Q F C L S A M O H X M D C C
G F Y I Y M G D A K S J E Y
N R W K S A W S L M Y L R L
D W I Q A R A V E H R L D L
Q Y Â L L L H H N T T Y D Y
P T R Q A G O P S O H S O L
V H D L D U D T L M I I R L
X C O F A Y D E W A O A I L
H P U P U R I U O T N U A P
A K F N N G A L Z O E T E O
F Z R S Y H D U Z S W Z T E
X H U Q R V W M Z T Y W H T
C I N I O F F Y R C N W P H
W Y Z R I A S U E N I Q H B
```

CINIO	CERDDORIAETH
TEULU	PUPUR
FFRWYTH	SALADAU
GRIL	SAWS
LLYSIAU	TOMATOS
POETH	SYRTHION
NEWYN	GWAHODDIAD
PLANT	FFYRC
CYW IÂR	HAF
CYLLYLL	HALEN

76 - Wetenschappelijke Discip

```
F  S  E  R  Y  D  D  I  A  E  T  H  N  M
F  C  M  B  L  N  D  U  E  C  O  I  P  W
I  I  E  I  M  I  W  N  O  L  E  G  T  Y
S  S  C  O  M  W  D  A  E  A  R  E  G  N
I  K  A  L  A  R  C  H  A  E  O  L  E  G
O  S  N  E  E  O  X  U  W  B  L  A  C  L
L  U  E  G  T  L  Z  D  K  I  L  N  O  A
E  T  G  I  H  E  D  C  U  O  Y  A  L  W
G  E  S  L  C  G  T  C  M  C  S  T  E  D
M  I  R  O  B  O  T  E  G  E  I  O  G  D
V  T  F  T  L  G  L  M  W  M  E  M  I  Z
F  P  E  W  P  P  Q  E  X  E  U  E  T  G
T  Y  I  L  C  T  Z  G  G  G  E  G  B  C
M  E  T  E  O  R  O  L  E  G  G  B  W  C
```

ANATOMEG	IMIWNOLEG
ARCHAEOLEG	MECANEG
SERYDDIAETH	METEOROLEG
BIOCEMEG	MWYNGLAWDD
BIOLEG	NIWROLEG
CEMEG	LLYSIEUEG
ECOLEG	SEICOLEG
FFISIOLEG	ROBOTEG
DAEAREG	MAETH

77 - Bijvoeglijke Naamwoorden

```
D  G  N  L  L  T  F  V  D  C  K  V  Z  X
I  H  Y  E  L  G  F  L  I  N  E  D  I  G
L  A  U  S  W  W  L  P  S  A  I  I  A  R
Y  L  N  C  G  Y  S  X  G  R  P  D  C  D
S  L  F  L  L  L  D  S  R  F  K  D  H  T
M  T  U  I  Y  L  Y  D  I  E  A  O  K  M
N  M  S  Y  D  T  Y  D  F  R  Q  R  S  C
C  Y  N  H  Y  R  C  H  I  O  L  O  E  E
N  A  T  U  R  I  O  L  A  L  P  L  Y  O
D  R  A  M  A  T  I  G  D  Z  B  F  X  C
F  A  L  C  H  C  S  I  O  Y  N  J  G  X
C  Y  F  R  I  F  O  L  L  C  R  Y  F  O
D  A  W  N  U  S  X  V  R  K  P  Z  W  Q
C  R  E  A  D  I  G  O  L  P  U  R  H  Q
```

DILYS	NEWYDD
DAWNUS	ARFEROL
DISGRIFIADOL	CYNHYRCHIOL
CREADIGOL	GYSGLYD
DRAMATIG	CRYF
IACH	FALCH
LLWGLYD	CYFRIFOL
DIDDOROL	GWYLLT
FLINEDIG	HALLT
NATURIOL	PUR

78 - Kleding

```
M  J  H  N  F  F  A  S  I  W  N  B  P  S
E  W  S  H  F  Z  W  G  J  I  Z  L  A  A
S  I  A  C  E  D  R  E  X  T  R  O  D  N
G  N  N  Ô  D  T  J  R  A  P  Z  W  N  A
A  R  D  T  O  P  I  T  C  D  U  S  A  U
R  L  A  F  G  W  R  E  G  Y  S  T  B  O
F  J  L  P  Y  J  A  M  A  S  W  Z  O  Z
F  R  A  A  C  H  W  Y  S  W  R  N  D  L
M  Y  U  N  L  E  M  O  X  G  C  U  N  J
T  E  M  T  F  Z  K  V  C  W  E  R  H  H
E  T  N  S  Y  M  U  S  J  I  H  H  Y  J
B  R  E  I  C  H  L  E  D  S  S  K  K  S
O  H  M  Q  G  N  Y  N  J  G  F  X  Y  L
Z  G  A  E  S  G  I  D  X  Z  F  X  B  E
```

BREICHLED	PYJAMAS
BLOWS	GWREGYS
PANTS	SGERT
MENIG	SANDALAU
HET	ESGID
CÔT	FFEDOG
SIACED	CRYS
GWISG	SGARFF
ADNABOD	SANAU
FFASIWN	CHWYSWR

79 - Vliegtuigen

```
U  T  O  B  G  L  A  N  I  O  Q  E  M  R
C  P  U  I  O  A  B  V  T  A  C  P  W  D
H  E  T  H  U  N  W  A  C  K  X  E  L  A
D  I  C  B  Q  S  D  Y  L  U  N  I  O  W
E  L  O  V  C  I  U  O  Y  Ŵ  J  R  T  Y
R  O  D  Z  U  O  F  W  A  F  N  I  Q  R
J  T  A  N  W  Y  D  D  P  L  A  A  A  G
F  X  H  L  Y  W  I  O  U  K  D  N  N  Y
I  P  V  Y  C  R  X  D  D  S  E  T  T  L
C  Y  F  E  I  R  I  A  D  H  I  P  U  C
D  I  S  G  Y  N  I  A  D  A  L  U  R  H
C  Y  N  N  W  R  F  W  N  N  A  O  W  D
Q  D  R  B  S  U  O  Y  M  E  D  Q  J  W
T  E  I  T  H  W  Y  R  Z  S  U  P  W  T
```

DISGYNIAD	GLANIO
AWYRGYLCH	AWYR
ANTUR	PEIRIANT
BALŴN	LYWIO
CRIW	DYLUNIO
ADEILADU	TEITHWYR
TANWYDD	PEILOT
HANES	CYFEIRIAD
UCHDER	CYNNWRF
LANSIO	

80 - Herbalisme

```
C F W E V T N U X B V Z X H
C Y N H W Y S I O N L J E G
O A R O M A T I G P Q A A T
G N F F E N I G L B C S S A
I S V I X M A B L O D Y N R
N A O T R H O S M A R Q F A
I W F Z A D G L A P F S O G
O D M Y H M A O R E G A N O
M D P N P U R T J R W F N N
K G A R D D L M O S Y F R T
P C J D I D L I R L R R U E
Z R L J L V E L A I D W G I
B A S I L Y G Y M J D M V M
U O S T Y G H V O D Y A S Y
```

AROMATIG
BASIL
BLODYN
COGINIO
DIL
TARAGON
GWYRDD
CYNHWYSION
GARLLEG
ANSAWDD

LAFANT
MARJORAM
OREGANO
PERSLI
RHOSMAR
SAFFRWM
BLAS
TEIM
GARDD
FFENIGL

81 - Piraten

```
F F Y L C D C T Q T T C D D
C N O L F R U M O R B X Q N
E S W G H W X B P A R O T C
F A H B O G R R X E A Q P A
N N N P O F B A Z T Y U E P
F C L E D D Y F Q H A C R T
O Z Z Z C A N T U R A V Y E
R W E G R W Y N Y S E T G N
K G C D I U M O A R Y A L M
K O F O W V A P B J J N M J
C H W E D L P Y A K E G F R
B A N E R K Q V H W P O T R
P U Q N T R Y S O R D R H D
T F P C R A I T H I S B N A
```

ANGOR
ANTUR
CRIW
YNYS
PERYGL
AUR
OGOF
MAP
CAPTEN
CWMPAWD

CHWEDL
CRAITH
CEFNFOR
PAROT
RUM
TRYSOR
DRWG
TRAETH
BANER
CLEDDYF

82 - Om in te Vullen

```
T  E  E  B  F  O  G  D  A  F  I  B  T  J
I  E  Q  W  W  X  V  A  S  E  K  P  C  D
W  P  O  C  E  D  M  Y  S  L  V  E  A  C
B  B  M  E  A  R  Y  B  D  G  B  C  W  F
V  P  A  D  G  M  Y  K  L  C  E  Y  E  F
C  U  N  S  O  X  Y  S  P  W  W  N  L  O
U  T  O  D  N  A  M  L  E  N  C  W  L  L
I  G  F  K  C  V  N  U  B  J  A  H  R  D
H  A  M  B  W  R  D  D  A  A  R  Y  J  E
J  X  T  W  I  Y  R  P  S  R  T  J  F  R
C  S  R  O  X  U  Ô  W  G  P  O  T  E  L
Ê  U  B  L  O  E  R  B  E  V  N  P  K  O
S  C  N  J  J  K  K  R  D  A  B  J  U  H
O  Z  T  C  B  Q  P  K  D  P  R  L  S  K
```

BASN	CAWELL
TIWB	DRÔR
HAMBWRDD	BASGED
BLWCH	FFOLDER
BWCED	PECYN
AMLEN	JAR
POTEL	VASE
CARTON	GASGEN
CÊS	POCED

83 - Surfen

```
S  H  G  P  W  Y  U  X  T  Y  W  Y  D  D
A  N  H  O  A  Q  M  D  Y  R  A  K  T  F
Y  M  W  B  I  N  O  F  I  O  A  U  S  I
C  A  Y  L  W  D  B  M  G  C  N  E  G  D
D  B  L  O  C  R  Y  F  D  E  R  W  T  X
T  O  V  G  Y  E  J  C  S  J  M  Y  D  H
O  L  N  A  F  U  F  C  F  L  R  N  E  R
R  G  U  I  L  P  P  N  M  C  W  D  C  K
F  A  M  D  Y  V  H  B  F  V  B  N  H  W
E  M  Q  D  M  Q  G  A  C  O  P  B  R  S
Y  P  M  B  D  C  A  W  X  E  R  O  E  X
D  W  O  T  E  I  T  H  A  F  O  L  U  B
D  R  P  A  R  D  D  U  L  L  W  A  W  X
C  H  W  I  S  T  R  E  L  L  U  C  R  G
```

MABOLGAMPWR
DECHREUWR
EITHAFOL
DON
CRYFDER
BOLA
TORFEYDD
CEFNFOR
HWYL

POBLOGAIDD
EWYN
CYFLYMDER
CHWISTRELLU
ARDDULL
TRAETH
TYWYDD
I NOFIO

84 - Rijden

```
V Q I K T B R E C I A U K O
G Y M C E R D D W Y R C R N
U L I A N L A H F N W Y O D
K P E R Y G L F O C N F Z I
T F T W N N E L F Z X L S O
N G A R E J A O F I L Y T G
C K N D T B Z R O S G M R E
H L W W M B L I R N G D Y L
J E Y T R W Y D D E D E D W
M O D U R I L R D A U R A C
G A D D A M W A I N P N M H
I H P O L R B H Q A K T B I
V K M K E U N S Z W V J A L
M F S O B E I C M O D U R T
```

CAR
TANWYDD
GAREJ
NWY
PERYGL
MAP
TRWYDDED
MODUR
BEIC MODUR
DAMWAIN

HEDDLU
BRECIAU
CYFLYMDER
STRYD
TWNNEL
DIOGELWCH
TRAFFIG
CERDDWYR
LORI
FFORDD

85 - Wetenschap

G Q N H P B F A R B R A W F
R D A I S L F O D A T A I F
O D T N A I A K R Y K T D I
N A U S D O I N G G R O E S
Y M R A L D T D H F A M X E
N C J W P Q H Z V I S N Z G
N A Q D T Q D M O P G R E L
A N Q D I W X C K E I I I B
U I R U X B U E O R S T O K
L A B O R D Y M W Y N A U N
S E D E M O L E C I W L A U
V T L U T K T G E H E G X G
D H V N L F F O S I L N T R
B Z X F N L N L S M H H M C

ATOM   LABORDY
CEMEGOL   DULL
GRONYNNAU   MWYNAU
ARBRAWF   MOLECIWLAU
FFAITH   NATUR
FFOSIL   FFISEG
DATA   ORGANEB
DDAMCANIAETH   PLANHIGION
HINSAWDD

86 - Badkamer

```
P  I  K  P  T  Q  D  J  B  V  H  G  D  R
Q  E  B  O  I  K  O  K  H  I  V  O  R  U
R  W  R  Q  R  E  R  N  N  X  Y  K  Y  G
X  I  D  S  E  B  O  N  W  V  K  S  C  U
O  A  P  I  A  Z  S  A  H  S  M  O  H  Q
N  P  L  U  O  W  S  C  H  B  N  E  D  Y
U  J  Z  T  M  X  R  X  O  C  A  W  O  D
V  K  M  D  O  L  F  J  K  J  G  T  K  Ŵ
E  R  I  I  S  I  A  M  P  N  E  A  H  R
E  O  P  S  I  N  L  S  T  V  R  F  J  R
M  G  E  L  S  P  S  E  S  W  I  G  O  D
F  X  L  O  W  Z  E  Y  D  T  Y  W  E  L
G  G  I  B  R  F  A  U  C  E  T  M  U  D
M  X  T  A  N  O  D  D  I  V  O  X  K  I
```

BATH	SIAMP
SWIGOD	DRYCH
CAWOD	NODDI
TYWEL	AGER
FAUCET	RUG
ELI	DŴR
PERSAWR	TOILED
SISWRN	SEBON

87 - Herfst

```
T E M F A E T O S M U D O H
Y Q J V F K H R N K I P B I
M U P Z A D O A J F E S E N
H I K P L D I L L A D B R S
O N T R A Z C A Q Z Y G L A
R O Y K U N N B B Z F I L W
O X W V D I A A V P D W A D
L Y Y Q D Q U X T Q Z Q N D
O Y D K X Q C Q A U H L U Z
U K D S N K A E N B R H E W
I Q G S S I S Z A I S P J I
J V E Ŵ U W T W U V D J I Q
D B K M Y G A I C O B J H W
P G U L M L N C P L E J E M
```

AFALAU
BERLLAN
TANAU
FESEN
EQUINOX
GŴYL
CNAU CASTAN
DILLAD

HINSAWDD
MIS
MUDO
NATUR
TYMHOROL
RHEW
TYWYDD

88 - Speelgoed

```
P A E N T E J M G Q I W N V
G C I B E I C L A I S M Q C
C P G J N G R B B T R Ê N W
R W T T K G E M A U D F K Q
O Q C D H P F Y R P Y D R T
B D C H H O F F C Ê C L O A
O D A A D S T F U L H J D L
T D R Y M I A U D O Y E A V
O F L H V V U W Q R M Q D X
S K J U T X T O Y I Y R P E
S L G C O N D L K R G B W J
G W Y D D B W Y L L E J J R
L L Y F R A U S F S H N N M
X M E Y Y O I B P N X M K R
```

CREFFTAU	DDOL
CAR	POS
PÊL	ROBOT
LLYFRAU	GWYDDBWYLL
CWCH	TRÊN
DRYMIAU	DYCHYMYG
HOFF	PAENT
BEIC	BARCUD
GEMAU	AWYREN
CLAI	LORI

89 - Muziekinstrumenten

```
E  J  B  S  P  Z  L  G  Z  S  J  C  N  W
Y  C  Q  A  G  C  W  O  Z  A  J  L  A  E
N  L  T  N  N  I  P  N  F  C  T  A  F  A
D  Y  L  E  P  J  T  G  Q  S  A  R  A  D
R  C  W  R  I  I  O  Â  I  O  M  I  X  L
W  H  W  U  S  F  A  E  R  F  B  N  Y  N
M  A  R  I  M  B  A  N  U  F  W  É  C  T
J  U  T  G  O  R  N  G  O  O  R  T  B  K
Q  L  L  F  B  C  B  Y  S  N  Î  R  A  X
M  A  N  D  O  L  I  N  C  M  N  O  S  D
F  F  L  I  W  T  T  E  L  Y  N  M  W  I
N  D  F  F  I  D  I  L  V  E  N  B  N  D
A  C  X  N  P  W  E  A  W  Z  W  Ô  W  M
E  Z  L  J  N  B  O  Y  Y  W  A  N  I  K
```

BANJO	MANDOLIN
BASWN	MARIMBA
FFLIWT	PIANO
GITÂR	SACSOFFON
GONG	TAMBWRÎN
TELYN	TROMBÔN
OBO	DRWM
CLARINÉT	UTGORN
CLYCHAU	FFIDIL

90 - Activiteiten en Vrije Ti

```
Y  G  P  D  P  E  D  E  E  Q  I  L  T  H
M  W  Ê  U  E  Ê  S  X  Z  M  R  C  E  E
L  E  L  W  E  I  L  O  R  E  T  Q  I  I
A  R  F  S  Y  R  F  F  I  O  A  E  T  C
C  S  A  C  C  F  O  I  A  X  M  S  H  I
I  Y  S  T  E  N  I  S  O  S  P  L  I  O
O  L  G  J  L  O  G  L  K  J  U  A  O  M
A  L  E  Z  F  F  N  A  B  O  C  S  I  O
R  A  D  M  W  I  X  A  R  L  U  O  D  T
R  P  Y  S  G  O  T  A  L  D  P  S  K  A
P  Ê  L  F  O  L  I  U  M  E  D  D  Z  A
N  S  G  E  L  Y  F  C  K  T  W  I  T  M
C  P  W  N  F  D  H  H  K  W  F  I  O  C
P  M  W  D  F  N  V  I  U  P  W  J  O  X
```

PÊL-FASGED
BOCSIO
DEIFIO
GOLFF
PYSGOTA
PÊL FAS
GWERSYLLA
CELF

YMLACIO
TEITHIO
SYRFFIO
TENIS
GARDDIO
PÊL-FOLI
HEICIO
NOFIO

91 - Water

```
V  K  W  N  L  L  E  I  T  H  D  E  R  Q
C  O  Q  X  P  V  H  I  R  A  K  S  S  F
K  H  A  V  U  R  M  I  R  M  O  U  T  A
L  L  A  I  T  H  I  G  L  A  W  P  Ê  N
T  O  N  N  A  U  Â  V  T  D  F  D  M  W
C  O  R  W  Y  N  T  Y  H  Y  Z  O  O  E
H  Q  H  R  Z  Z  X  Z  X  C  U  Z  N  D
K  K  E  K  L  Z  L  C  Y  U  M  C  S  D
C  A  W  O  D  A  X  E  W  K  F  O  Ŵ  I
L  Y  K  J  W  D  Y  F  R  H  A  U  N  A
L  F  C  Y  S  L  L  I  F  O  G  Y  D  D
Y  E  W  J  R  W  B  M  Ô  R  S  O  N  Z
N  D  P  B  X  E  P  S  J  J  W  Q  X  Y
P  M  C  K  K  V  Y  T  N  O  J  D  Y  L
```

CAWOD	GLAW
YFED	AFON
TONNAU	EIRA
IÂ	STÊM
DYFRHAU	FFRWD
LLYN	ANWEDDIAD
MONSŴN	LLAITH
MÔR	LLEITHDER
CORWYNT	RHEW
LLIFOGYDD	

92 - Schaken

```
R H E O L A U V G R A C I G
R S Z I G S Y A C T B H D Y
B R E N H I N E S W E W D S
P P T W U S Y F L R R A Y T
W B P Q O U K J G N T R S A
G O D D E F O L W A H A G D
P Ê A W L D U C Y M E E U L
W S M H L N P D N A L W B E
Y L B I E B R E N I N R P U
N D W F T R I A L N I C L A
T S A R R J I R U T M O S E
I R I I A S B A M S E R Y T
A D E C W P T U U V X D S H
U Y N H S P E N C A M P W R
```

LLETRAWS
PENCAMPWR
BRENIN
BRENHINES
I DDYSGU
ABERTH
GODDEFOL
PWYNTIAU
RHEOLAU

GÊM
CHWARAEWR
AMSER
TWRNAMAINT
HERIAU
GYSTADLEUAETH
GWYN
DU

93 - Boerderij #1

```
U K F V M O C H Y N F Q G D
Z U R E I S T Y L L O T W D
B I Â M Ê L B U W C H Y R I
U R N C E F F Y L I N J T A
A S Y N M A E S D F Â X A D
L M X L G A F R K Y I R I E
L J G X W W W P O L Y U T L
B Q H P A X E G Z F A H H L
X K S W I V I N P V W A X B
Y I I N R C P T Y D O D L P
T J G T M D I C U N M A J J
U U A E X W P A I D P U U N
N D Ŵ R T N O T U F F E N S
H E X U K X E H P L G X U S
```

GWENYN	BUWCH
ASYN	FRÂN
GAFR	DDIADELL
FFENS	GWRTAITH
CI	CEFFYL
MÊL	REIS
GWAIR	MOCHYN
LLO	MAES
CATH	DŴR
CYW IÂR	HADAU

94 - Huis

```
L T U D V D W L G A R D D G
E L Z A R U G L H S B N K M
P N E N F W D Y P L A M P T
V O C T K I S F F E N S U R
J T R P Â K I R V J A E T J
C G C Q M N M G S G D V Y H
U L G H Y V N E C G L Q S D
X N I N G G A L P A L K T O
D R Y C H P I L S R W R A D
D A L A E Z W O A E S C F R
D C J W J G V K K J V K E E
W B Y O H W I S L A W R L F
A C G D A L G N Q S O N L N
L Y S T A F E L L W E L Y N
```

BANADL
LLYFRGELL
TO
DRWS
CAWOD
GAREJ
LLE TÂN
FFENS
YSTAFELL
ISLAWR

CEGIN
LAMP
DODREFN
WAL
NENFWD
SIMNAI
YSTAFELL WELY
DRYCH
RUG
GARDD

95 - Kleuren

```
B  S  T  A  Z  G  S  M  F  G  G  I  L  P
P  R  E  L  E  W  H  E  H  H  L  B  L  O
W  D  O  L  V  Y  A  L  P  N  A  E  W  R
D  F  D  W  H  R  N  Y  K  I  S  D  Y  F
R  G  W  Y  N  D  M  N  B  Q  A  Y  D  F
J  P  P  D  U  D  W  A  P  S  Z  F  F  O
P  I  N  C  C  O  C  H  G  Y  G  W  E  R
G  W  Y  R  D  D  L  A  S  E  M  Y  L  H
L  N  H  A  B  P  G  X  E  M  N  R  Y  C
X  P  E  F  Q  X  G  R  O  B  S  T  N  Z
T  Y  M  I  C  S  I  Z  V  P  O  L  A  N
O  S  E  C  Z  K  L  O  A  L  R  K  V  V
I  N  D  I  G  O  A  S  U  R  E  I  F  E
Y  P  K  C  E  O  G  X  H  F  N  M  L  V
```

ASUR	INDIGO
LLWYDFELYN	MAGENTA
GLAS	OREN
BROWN	PORFFOR
GWYRDDLAS	COCH
DYFWYR	PINC
MELYN	SEPIA
LLWYD	GWYN
GWYRDD	DU

96 - Verjaardag

```
F  P  L  Q  P  B  C  A  L  E  N  D  R  C
F  D  O  E  T  H  I  N  E  B  V  B  Z  A
R  C  A  N  H  W  Y  L  L  A  U  M  Q  C
I  I  F  A  N  C  Y  N  X  S  O  W  O  E
N  M  B  N  H  C  A  T  G  O  F  I  O  N
D  B  L  W  Y  D  D  Y  N  H  H  R  C  H
I  A  S  Y  Q  Y  Q  R  L  B  W  Ŷ  U  T
A  Y  T  D  Y  D  A  M  S  E  R  Y  N  I
U  G  X  H  F  D  R  H  O  D  D  N  L  J
C  F  E  U  L  Z  E  U  J  J  D  I  C  A
Â  P  J  T  L  I  V  F  S  V  T  L  C  Q
N  H  A  P  U  S  A  R  B  E  N  N  I  G
C  A  R  D  I  A  U  D  H  H  H  Y  A  O
G  W  A  H  O  D  D  I  A  D  A  U  A  I
```

CACEN	CALENDR
DYDD	CÂN
ANWYD	HŶN
HAPUS	HWYL
RHODD	ARBENNIG
ATGOFION	AMSER
BLWYDDYN	GWAHODDIADAU
IFANC	DATHLIAD
CANHWYLLAU	FFRINDIAU
CARDIAU	DOETHINEB

97 - Getallen

```
D W N A W A S J H B F X U N
E U Y X H T T J T T I H G J
U Z N T X R P P R L H V A P
N W C A H I C A Q Y V X I L
A O T P R V Q Y D R O P N G
W C R Y D B Q M T P S E R O
J C I M S E Y D E U D D E G
Z H A T A Z G M H M A W X J
O W R H I B J O T P U A X T
J E D E T M O E L H S R U Y
M C D G H Q Z S P C E H E F
A H E M Y G A Z Y C M G T M
T M G G V C D W D E G F X X
H K J N H D L W V U X T C P
```

WYTH	DAU
DEUNAW	UGAIN
DEGOL	PEDWAR
TRI AR DDEG	PUMP
TRI	PYMTHEG
UN	MATH
NAW	CHWECH
SERO	UN AR BYMTHEG
DEG	SAITH
DEUDDEG	

98 - Boerderij #2

```
Y O B A N I F E I L I A I D
S S X G B L B A D L E E X D
Y C G W W A G P E Y O D S W
P C B U R M S L F S O D H F
R I O I B A B L A I G F W F
K X S R V O V A I A L E Y F
G W Y D N C R E D U T D A F
W V Y W Y L Q T U M D B D E
E M C G U F C H J C G E E R
N T C L B T R A C T O R N M
I F F R W Y T H N E D L X W
T Q F O Y P D E A G A L U R
H A I D D V Ô U B U G A I L
C I G O E N L M B J R N H B
```

FFERMWR	LAMA
BERLLAN	CORN
ANIFEILIAID	LLAETH
HWYADEN	AEDDFED
FFRWYTH	DEFAID
HAIDD	YSGUBOR
LLYSIAU	GWENITH
BUGAIL	TRACTOR
DYFRHAU	BWYD
CIG OEN	DÔL

99 - Voeding

```
S  B  X  E  X  H  B  W  Y  T  A  D  W  Y
Z  L  M  P  X  Y  Y  P  W  Y  S  A  U  F
U  A  N  L  L  P  J  L  F  E  V  Z  I  C
G  S  A  E  U  L  P  Z  I  E  L  G  E  Y
C  W  X  S  A  W  S  M  A  F  R  W  C  T
T  R  E  U  L  I  A  D  F  M  A  I  H  B
R  S  Q  N  O  F  I  A  C  H  R  U  Y  W
F  M  M  V  W  J  A  N  D  R  C  C  D  Y
G  I  Y  J  A  M  S  E  Y  H  C  Y  S
O  Y  T  B  Y  J  N  A  I  W  W  G  K  R
R  U  K  A  H  Q  A  W  E  P  A  H  A  O
E  J  P  G  M  X  I  D  T  F  E  L  L  N
M  A  E  T  H  I  G  D  B  N  T  W  E  L
C  H  W  E  R  W  N  K  N  S  H  Q  M  M
```

CHWERW	ANSAWDD
DEIET	SAWS
BWYTADWY	BLAS
ARCHWAETH	TREULIAD
CYTBWYS	GWENWYN
EPLESU	FITAMIN
PWYSAU	HYLIFAU
IACH	MAETH
IECHYD	

1 - Metingen

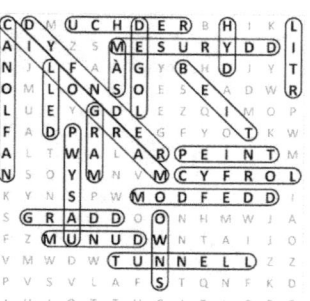

2 - Keuken

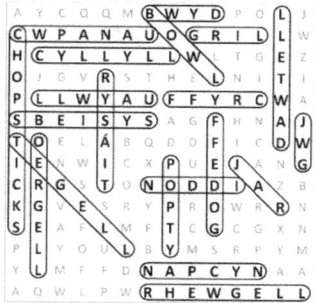

3 - Boten

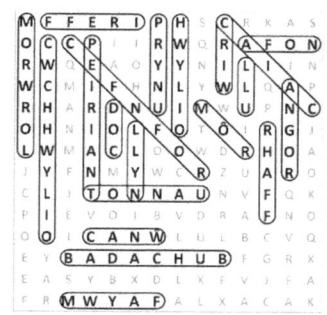

4 - Chocolade

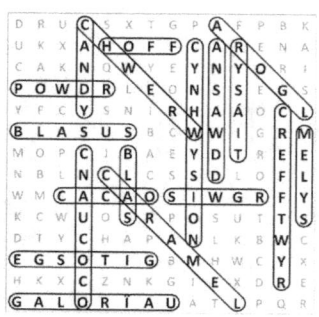

5 - Tijd

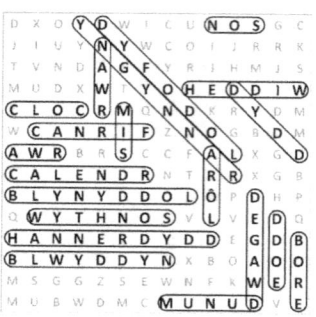

6 - Meditatie

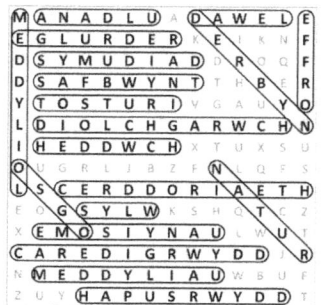

7 - Zomer

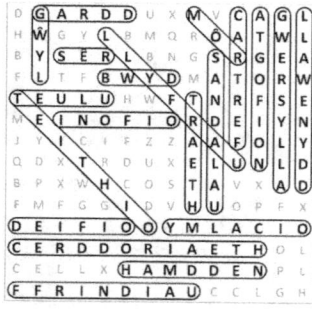

8 - Vogels

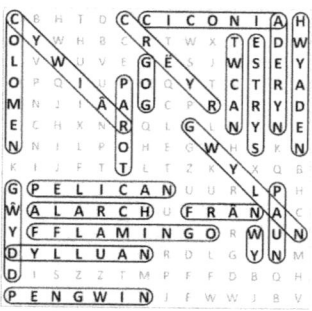

9 - Behoud

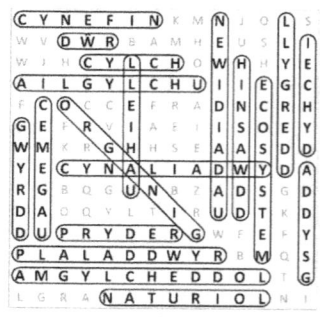

10 - Wiskunde

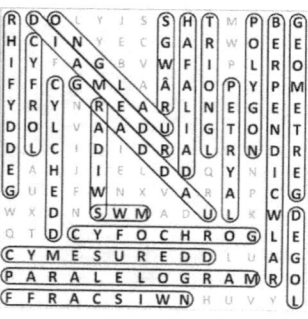

11 - Camping

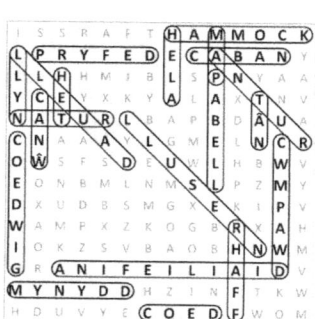

12 - Activiteiten

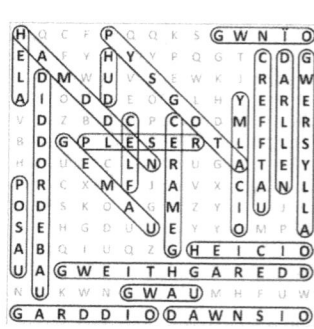

13 - Vormen

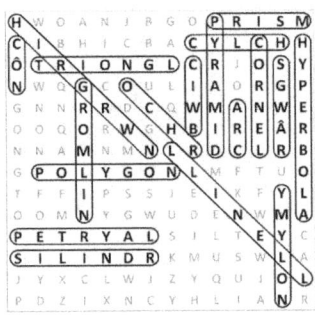

14 - Astronomie

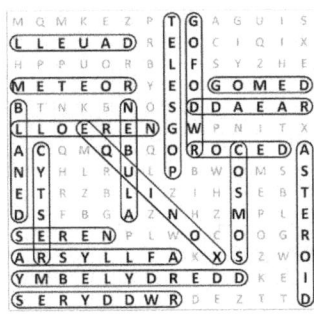

15 - Emoties

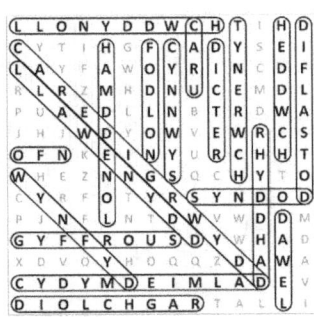

16 - Vakantie #2

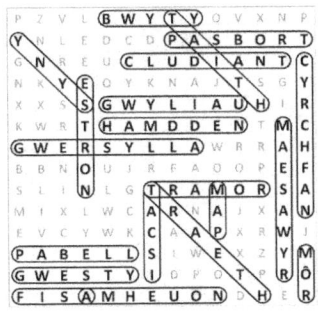

17 - Weersomstandigh

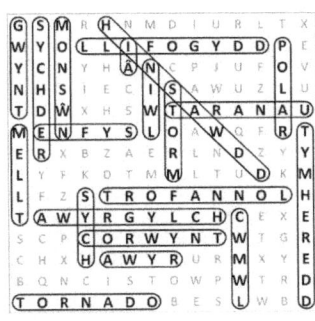

18 - Strand

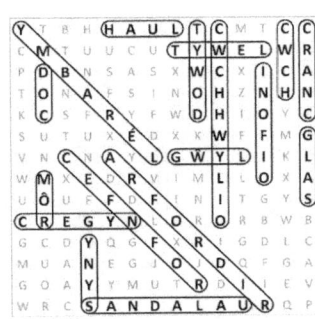

19 - Eten #2

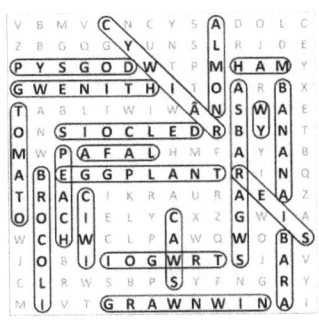

20 - Klimmen

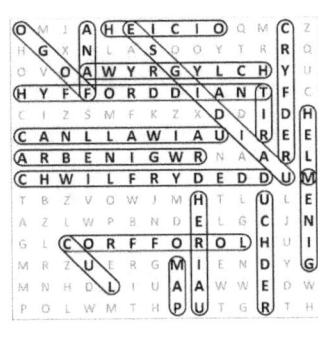

21 - Restaurant #1

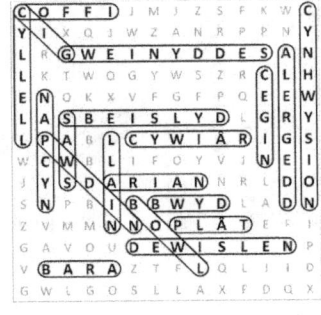

22 - Geologie

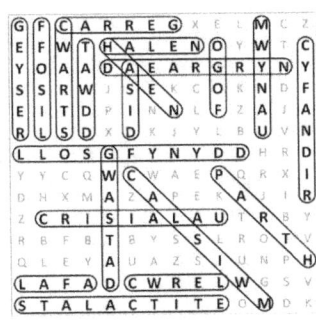

23 - Specerijen

24 - Groenten

25 - Dans

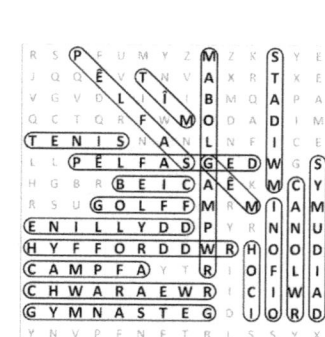

26 - Sport

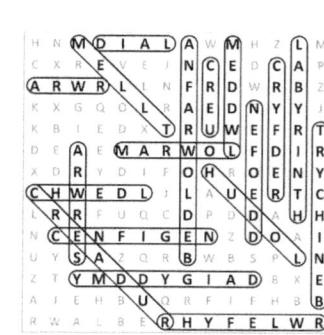

27 - Mythologie

28 - Vakantie #1

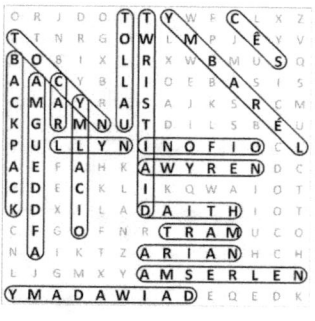

29 - Eten #1

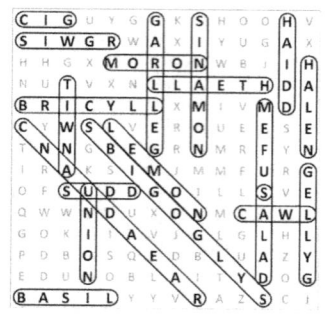

30 - Avontuur

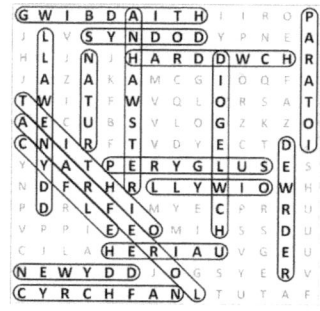

31 - Circus

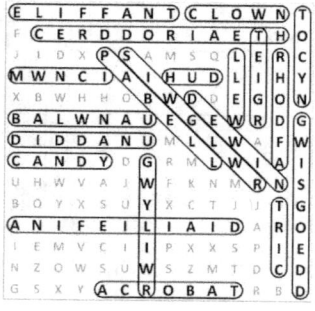

32 - Restaurant #2

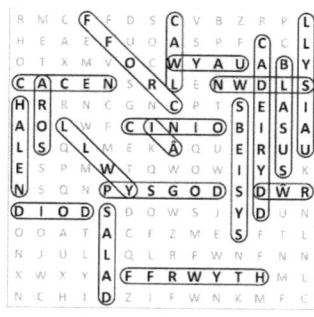

33 - Bijen

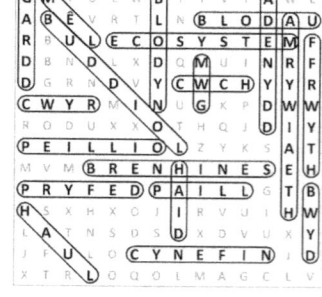

34 - School #1

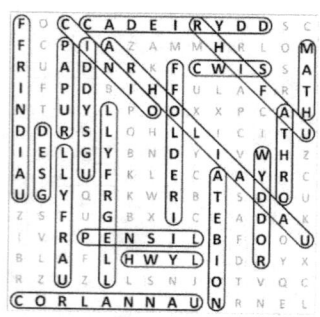

35 - Wandelen

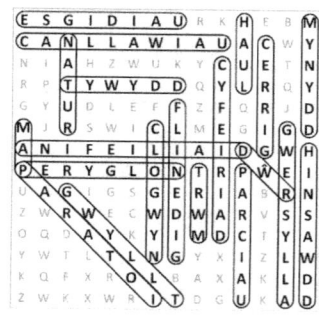

36 - Ecologie

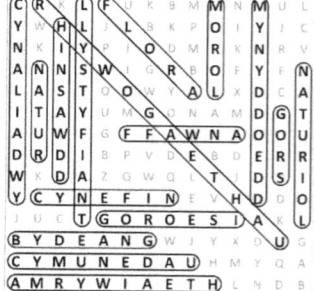

37 - Installaties

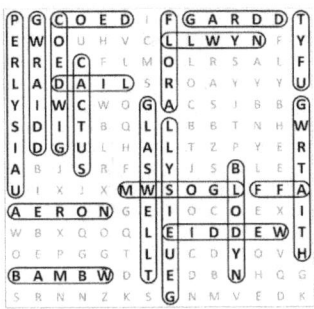

38 - School #2

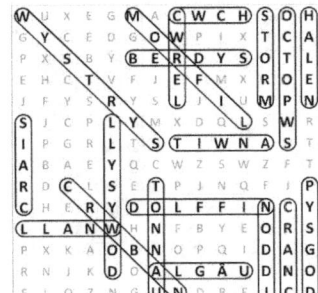

39 - Oceaan

40 - Landen #2

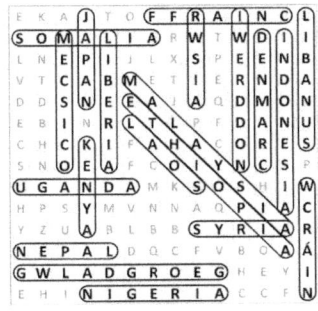

41 - Bloemen

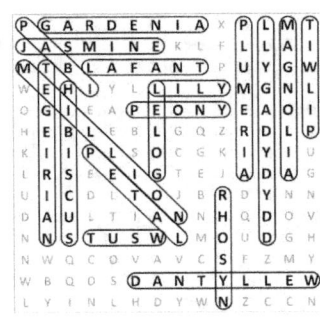

42 - Huisdieren

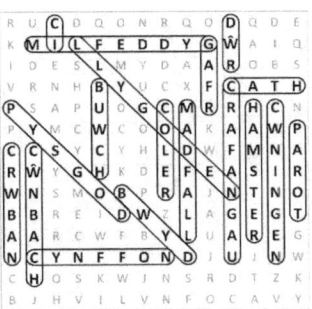

43 - Landschappen

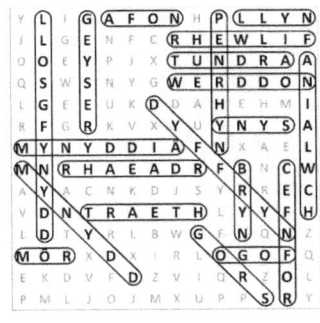

44 - Tuin

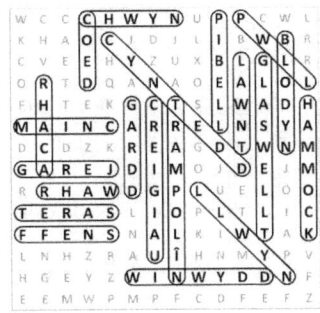

45 - Katten

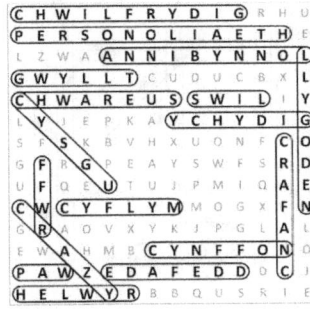

46 - Beroepen #2

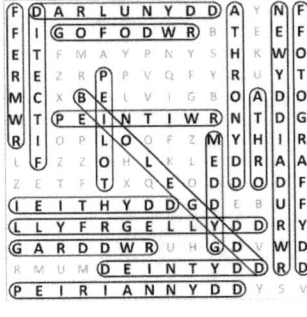

47 - Dagen en Maanden

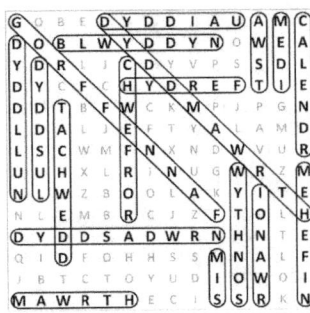

48 - Beeldende Kunsten

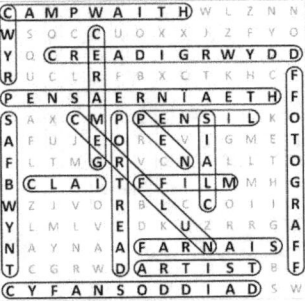

49 - Menselijk Lichaam

50 - Familie

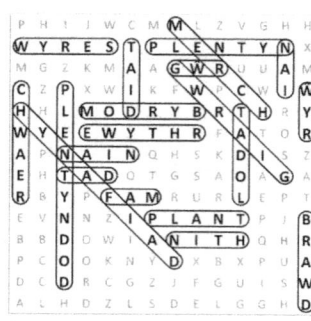

51 - Gebouwen

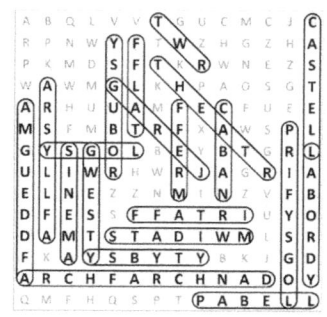

52 - Kunst

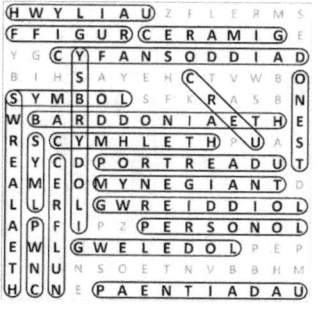

53 - Beroepen #1

54 - Kastelen

55 - Insecten

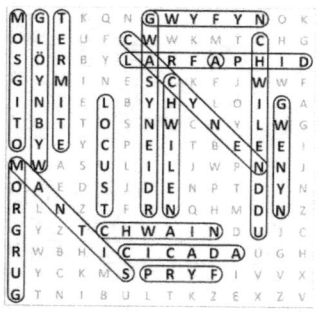

56 - Antarctica

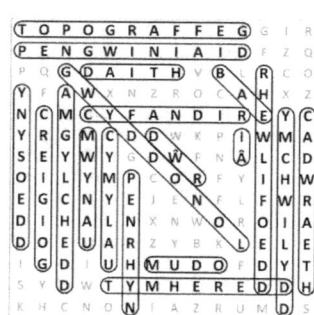

57 - Ballet

58 - Vissen

59 - Fruit

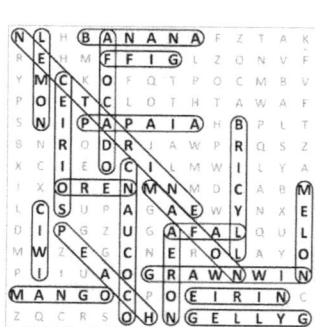

60 - Literatuur

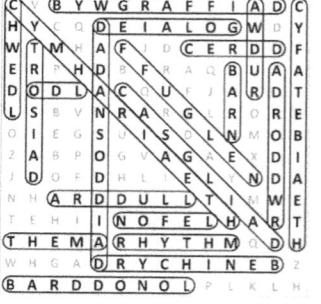

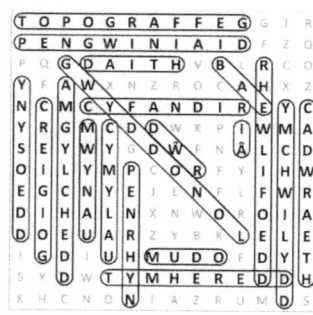

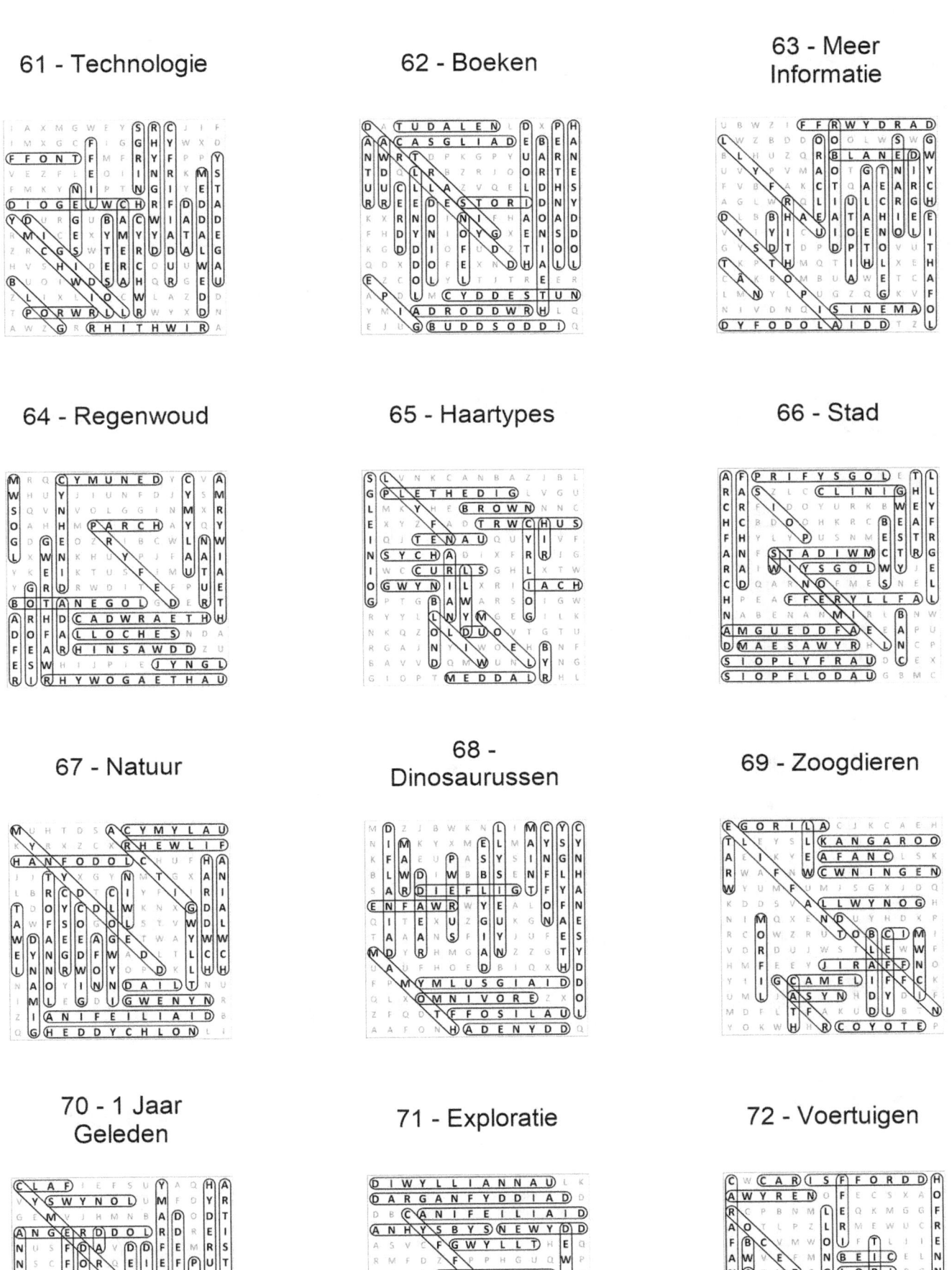

61 - Technologie

62 - Boeken

63 - Meer Informatie

64 - Regenwoud

65 - Haartypes

66 - Stad

67 - Natuur

68 - Dinosaurussen

69 - Zoogdieren

70 - 1 Jaar Geleden

71 - Exploratie

72 - Voertuigen

73 - Geografie

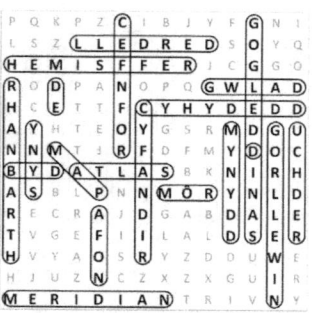

74 - Kunstbenodigdhe

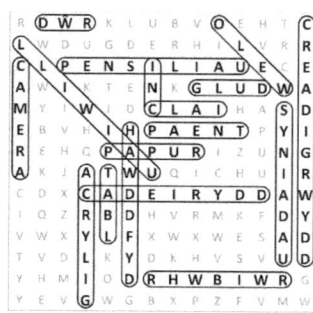

75 - Barbecues

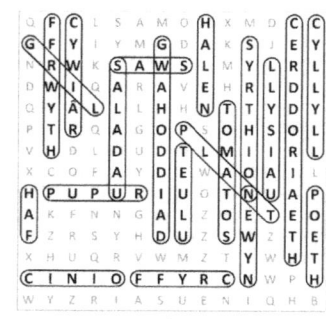

76 - Wetenschappelijk

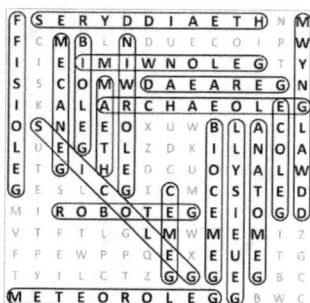

77 - Bijvoeglijke Naamwoorden

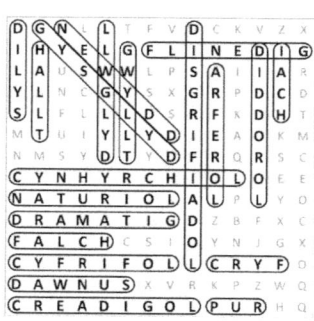

78 - Kleding

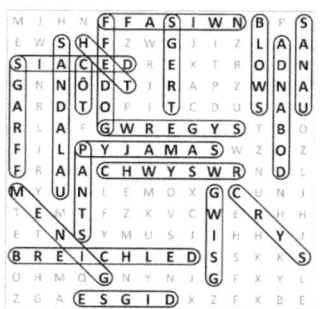

79 - Vliegtuigen

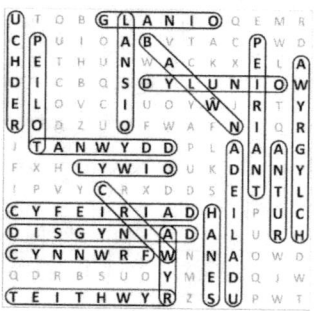

80 - Herbalisme

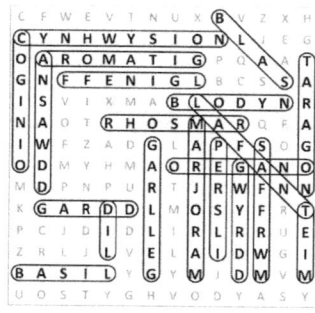

81 - Piraten

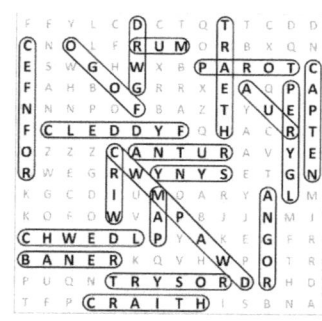

82 - Om in te Vullen

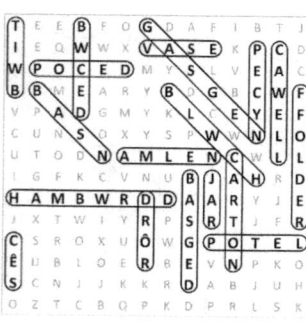

83 - Surfen

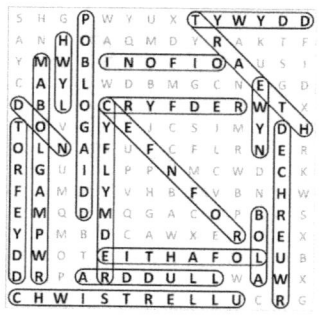

84 - Rijden

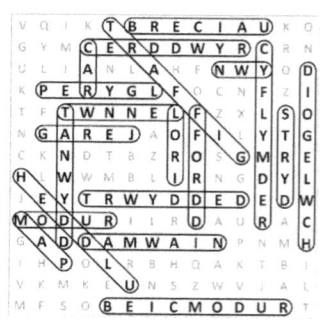

85 - Wetenschap

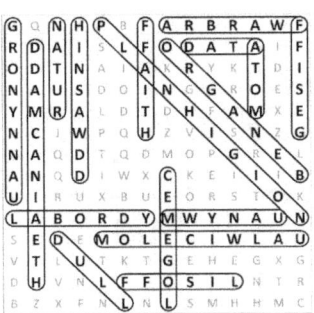

86 - Badkamer

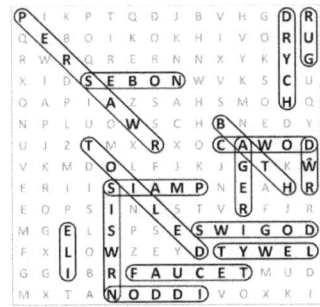

87 - Herfst

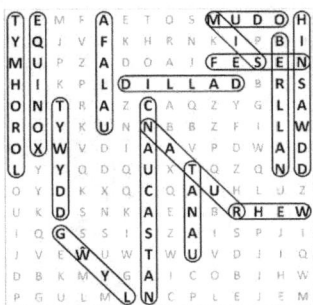

88 - Speelgoed

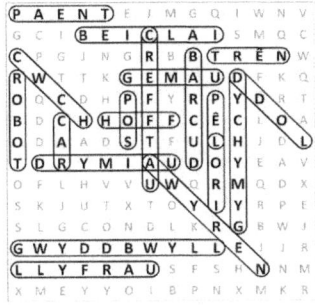

89 - Muziekinstrument

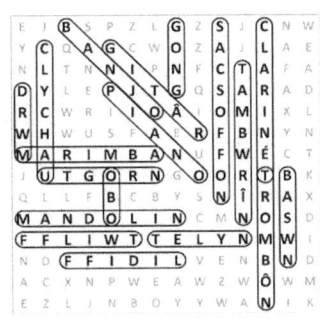

90 - Activiteiten en Vrije Ti

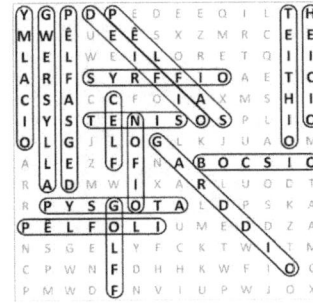

91 - Water

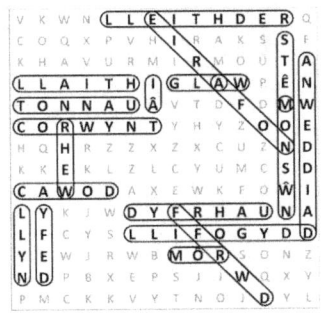

92 - Schaken

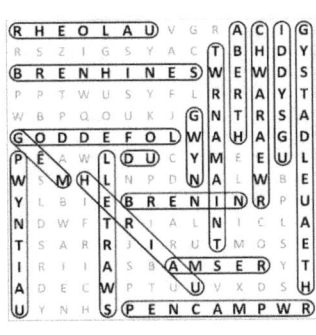

93 - Boerderij #1

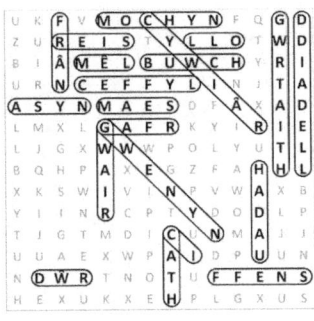

94 - Huis

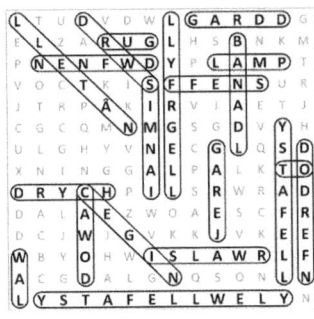

95 - Kleuren

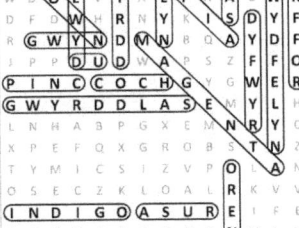

96 - Verjaardag

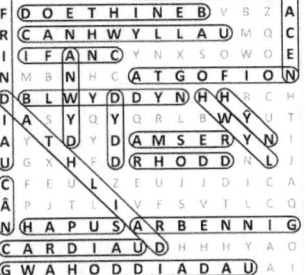

97 - Getallen

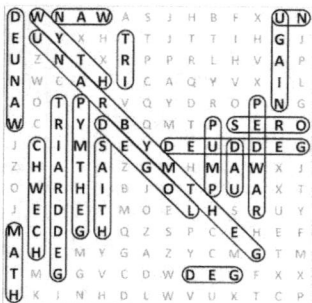

98 - Boerderij #2

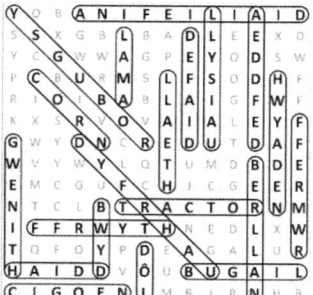

99 - Voeding

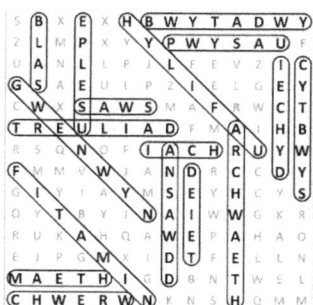

Woordenboek

1 Jaar Geleden
Rhinweddau # 1

Artistiek	Artistig
Behulpzaam	Ddefnyddiol
Bescheiden	Cymedrol
Beslissend	Pendant
Betrouwbaar	Dibynadwy
Charmant	Swynol
Efficiënt	Effeithlon
Gepassioneerd	Angerddol
Goed	Da
Gul	Hael
Intelligent	Deallus
Nieuwsgierig	Chwilfrydig
Onafhankelijk	Annibynnol
Patiënt	Claf
Praktisch	Ymarferol
Schoon	Lân
Wijs	Doeth
Zelfverzekerd	Hyderus

Activiteiten
Gweithgareddau

Activiteit	Gweithgaredd
Ambachten	Crefftau
Belangen	Diddordebau
Breien	Gwau
Dansen	Dawnsio
Games	Gemau
Hengelsport	Pysgota
Jacht	Hela
Kamperen	Gwersylla
Keramiek	Cerameg
Kunst	Celf
Lezen	Darllen
Magie	Hud
Naaien	Gwnïo
Ontspanning	Ymlacio
Plezier	Pleser
Puzzels	Posau
Tuinieren	Garddio
Vrije Tijd	Hamdden
Wandelen	Heicio

Activiteiten en Vrije Ti
Gweithgareddau a Hamdden

Basketbal	Pêl-Fasged
Boksen	Bocsio
Duiken	Deifio
Golf	Golff
Hengelsport	Pysgota
Honkbal	Pêl Fas
Kamperen	Gwersylla
Kunst	Celf
Ontspannen	Ymlacio
Reis	Teithio
Surfen	Syrffio
Tennis	Tenis
Tuinieren	Garddio
Volleybal	Pêl-Foli
Wandelen	Heicio
Zwemmen	Nofio

Antarctica
Antarctica

Baai	Bae
Behoud	Cadwraeth
Continent	Cyfandir
Eilanden	Ynysoedd
Expeditie	Daith
Geografie	Daearyddiaeth
Gletsjers	Rhewlifoedd
Ijs	Iâ
Migratie	Mudo
Mineralen	Mwynau
Omgeving	Amgylchedd
Onderzoeker	Ymchwilydd
Pinguïn	Pengwiniaid
Rotsachtig	Creigiog
Schiereiland	Penrhyn
Temperatuur	Tymheredd
Topografie	Topograffeg
Water	Dŵr
Wetenschappelijk	Gwyddonol
Wolken	Cymylau

Astronomie
Seryddiaeth

Aarde	Ddaear
Asteroïde	Asteroid
Astronaut	Gofodwr
Astronoom	Seryddwr
Equinox	Equinox
Komeet	Gomed
Kosmos	Cosmos
Maan	Lleuad
Meteoor	Meteor
Nevel	Nebula
Observatorium	Arsyllfa
Planeet	Blaned
Raket	Roced
Satelliet	Lloeren
Ster	Seren
Sterrenbeeld	Cytser
Straling	Ymbelydredd
Telescoop	Telesgop
Universum	Bydysawd
Zwaartekracht	Disgyrchiant

Avontuur
Antur

Activiteit	Gweithgaredd
Bestemming	Cyrchfan
Enthousiasme	Brwdfrydedd
Excursie	Gwibdaith
Gevaarlijk	Peryglus
Kans	Cyfle
Moed	Dewrder
Moeilijkheid	Anhawster
Natuur	Natur
Navigatie	Llywio
Nieuw	Newydd
Ongewoon	Anarferol
Reizen	Teithio
Schoonheid	Harddwch
Uitdagingen	Heriau
Veiligheid	Diogelwch
Verrassend	Syndod
Voorbereiding	Paratoi
Vreugde	Llawenydd
Vrienden	Ffrindiau

Badkamer
Ystafell Ymolchi

Bad	Bath
Bellen	Swigod
Douche	Cawod
Handdoek	Tywel
Kraan	Faucet
Lotion	Eli
Parfum	Persawr
Schaar	Siswrn
Shampoo	Siamp
Spiegel	Drych
Spons	Noddi
Stoom	Ager
Tapijt	Rug
Water	Dŵr
Wc	Toiled
Zeep	Sebon

Ballet
Bale

Applaus	Cymeradwyaeth
Artistiek	Artistig
Choreografie	Coreograffi
Componist	Cyfansoddwr
Dansers	Dawnswyr
Expressief	Mynegiannol
Gebaar	Ystum
Intensiteit	Dwysedd
Lessen	Gwersi
Muziek	Cerddoriaeth
Orkest	Cerddorfa
Publiek	Gynulleidfa
Repetitie	Ymarfer
Ritme	Rhythm
Sierlijk	Gosgeiddig
Solo	Unawd
Spieren	Cyhyrau
Stijl	Arddull
Techniek	Techneg

Barbecues
Barbeciws

Diner	Cinio
Familie	Teulu
Fruit	Ffrwyth
Grill	Gril
Groente	Llysiau
Heet	Poeth
Honger	Newyn
Kinderen	Plant
Kip	Cyw lâr
Messen	Cyllyll
Muziek	Cerddoriaeth
Peper	Pupur
Salades	Saladau
Saus	Saws
Tomaten	Tomatos
Uien	Syrthion
Uitnodiging	Gwahoddiad
Vorken	Ffyrc
Zomer	Haf
Zout	Halen

Beeldende Kunsten
Celfyddydau Gweledol

Architectuur	Pensaernïaeth
Artiest	Artist
Beeldhouwwerk	Cerflun
Creativiteit	Creadigrwydd
Film	Ffilm
Foto	Ffotograff
Keramiek	Cerameg
Klei	Clai
Krijt	Sialc
Meesterwerk	Campwaith
Pen	Pen
Perspectief	Safbwynt
Portret	Portread
Potlood	Pensil
Samenstelling	Cyfansoddiad
Vernis	Farnais
Was	Cwyr

Behoud
Cadwraeth

Chemicaliën	Cemegau
Duurzaam	Cynaliadwy
Ecosysteem	Ecosystem
Fiets	Cylch
Gezondheid	Iechyd
Groen	Gwyrdd
Habitat	Cynefin
Klimaat	Hinsawdd
Milieu	Amgylcheddol
Natuurlijk	Naturiol
Onderwijs	Addysg
Organisch	Organig
Pesticide	Plaladdwyr
Recycleren	Ailgylchu
Veranderingen	Newidiadau
Verminderen	Lleihau
Vervuiling	Llygredd
Vrijwilliger	Gwirfoddolwr
Water	Dŵr
Zorg	Pryder

Beroepen #1
Proffesiynau # 1

Advocaat	Cyfreithiwr
Ambassadeur	Llysgennad
Apotheker	Fferyllydd
Astronoom	Seryddwr
Atleet	Mabolgampwr
Bankier	Banciwr
Cartograaf	Cartographer
Danser	Dawnsiwr
Dierenarts	Milfeddyg
Dokter	Meddyg
Editor	Golygydd
Geoloog	Daearegwr
Jager	Helwyr
Juwelier	Gemydd
Loodgieter	Plymwr
Muzikant	Cerddor
Pianist	Pianydd
Psycholoog	Seicolegydd
Verpleegster	Nyrs
Wetenschapper	Gwyddonydd

Beroepen #2
Proffesiynau # 2

Arts	Meddyg
Astronaut	Gofodwr
Bibliothecaris	Llyfrgellydd
Bioloog	Biolegydd
Boer	Ffermwr
Chirurg	Llawfeddyg
Detective	Ditectif
Filosoof	Athronydd
Fotograaf	Ffotograffydd
Illustrator	Darlunydd
Ingenieur	Peiriannydd
Journalist	Newyddiadurwr
Leraar	Athro
Linguïst	Ieithydd
Onderzoeker	Ymchwilydd
Piloot	Peilot
Schilder	Peintiwr
Tandarts	Deintydd
Tuinman	Garddwr
Uitvinder	Dyfeisiwr

Bijen
Gwenyn

Bestuiver	Peillio
Bijenkorf	Cwch
Bloemen	Blodau
Bloesem	Blodyn
Diversiteit	Amrywiaeth
Ecosysteem	Ecosystem
Fruit	Ffrwyth
Habitat	Cynefin
Honing	Mêl
Insect	Pryfed
Koningin	Brenhines
Rook	Mwg
Stuifmeel	Paill
Tuin	Gardd
Vleugels	Adenydd
Voedsel	Bwyd
Voordelig	Buddiol
Was	Cwyr
Zon	Haul
Zwerm	Haid

Bijvoeglijke Naamwoorden
Ansoddeiriau # 1

Aantrekkelijk	Deniadol
Actief	Gweithredol
Ambitieus	Uchelgeisiol
Aromatisch	Aromatig
Artistiek	Artistig
Belangrijk	Pwysig
Diep	Dwfn
Donker	Tywyll
Dun	Tenau
Eerlijk	Onest
Exotisch	Egsotig
Identiek	Union
Jong	Ifanc
Lang	Hir
Langzaam	Araf
Modern	Modern
Onschuldig	Diniwed
Perfect	Perffaith
Waardevol	Gwerthfawr
Zwaar	Trwm

Bijvoeglijke Naamwoorden
Ansoddeiriau # 2

Authentiek	Dilys
Begaafd	Dawnus
Beschrijvend	Disgrifiadol
Creatief	Creadigol
Dramatisch	Dramatig
Gezond	Iach
Hongerig	Llwglyd
Interessant	Diddorol
Moe	Flinedig
Natuurlijk	Naturiol
Nieuw	Newydd
Normaal	Arferol
Productief	Cynhyrchiol
Slaperig	Gysglyd
Sterk	Cryf
Trots	Falch
Verantwoordelijk	Cyfrifol
Wild	Gwyllt
Zout	Hallt
Zuiver	Pur

Bloemen
Blodau

Bloemblad	Petal
Boeket	Tusw
Gardenia	Gardenia
Hibiscus	Hibiscus
Jasmijn	Jasmine
Klaver	Meillion
Lavendel	Lafant
Lelie	Lily
Lila	Lelog
Madeliefje	Llygad y Dydd
Magnolia	Magnolia
Orchidee	Tegeirian
Paardebloem	Dant y Llew
Papaver	Pabi
Pioenroos	Peony
Plumeria	Plumeria
Roos	Rhosyn
Tulp	Tiwlip

Boeken
Llyfrau

Auteur	Awdur
Avontuur	Antur
Bladzijde	Tudalen
Collectie	Casgliad
Context	Cyd-Destun
Dualiteit	Deuoliaeth
Episch	Epig
Gedicht	Cerdd
Geschreven	Ysgrifenedig
Historisch	Hanesyddol
Humoristisch	Doniol
Inventief	Buddsoddi
Lezer	Darllenydd
Literair	Llenyddol
Poëzie	Barddoniaeth
Relevant	Perthnasol
Roman	Nofel
Tragisch	Trasig
Verhaal	Stori
Verteller	Adroddwr

Boerderij #1
Fferm # 1

Bij	Gwenyn
Ezel	Asyn
Geit	Gafr
Hek	Ffens
Hond	Ci
Honing	Mêl
Hooi	Gwair
Kalf	Llo
Kat	Cath
Kip	Cyw Iâr
Koe	Buwch
Kraai	Frân
Kudde	Ddiadell
Mest	Gwrtaith
Paard	Ceffyl
Rijst	Reis
Varken	Mochyn
Veld	Maes
Water	Dŵr
Zaden	Hadau

Boerderij #2
Fferm # 2

Boer	Ffermwr
Boomgaard	Berllan
Dieren	Anifeiliaid
Eend	Hwyaden
Fruit	Ffrwyth
Gerst	Haidd
Groente	Llysiau
Herder	Bugail
Irrigatie	Dyfrhau
Lam	Cig Oen
Lama	Lama
Maïs	Corn
Melk	Llaeth
Rijp	Aeddfed
Schaap	Defaid
Schuur	Ysgubor
Tarwe	Gwenith
Tractor	Tractor
Voedsel	Bwyd
Weide	Dôl

Boten
Cychod

Anker	Angor
Bemanning	Criw
Boei	Prynu
Dok	Doc
Golven	Tonnau
Jacht	Hwylio
Kajak	Caiac
Kano	Canŵ
Mast	Mwyaf
Meer	Llyn
Motor	Peiriant
Nautisch	Morwrol
Oceaan	Cefnfor
Reddingsboot	Bad Achub
Rivier	Afon
Touw	Rhaff
Veerboot	Fferi
Vlot	Llu
Zee	Môr
Zeilboot	Cwch Hwylio

Camping
Gwersylla

Avontuur	Antur
Berg	Mynydd
Bomen	Coed
Bos	Coedwig
Brand	Tân
Cabine	Caban
Dieren	Anifeiliaid
Hangmat	Hammock
Hoed	Het
Insect	Pryfed
Jacht	Hela
Kaart	Map
Kano	Canŵ
Kompas	Cwmpawd
Lantaarn	Llusern
Maan	Lleuad
Meer	Llyn
Natuur	Natur
Tent	Pabell
Touw	Rhaff

Chocolade
Siocled

Antioxidant	Gwrthocsidiol
Aroma	Arogl
Artisanaal	Crefftwyr
Bitter	Chwerw
Cacao	Cacao
Calorieën	Galorïau
Exotisch	Egsotig
Favoriet	Hoff
Heerlijk	Blasus
Ingrediënt	Cynhwysion
Karamel	Caramel
Kokosnoot	Cnau Coco
Kwaliteit	Ansawdd
Poeder	Powdr
Recept	Rysáit
Smaak	Blas
Snoep	Candy
Suiker	Siwgr
Zoet	Melys

Circus
Syrcas

Aap	Mwnci
Acrobaat	Acrobat
Ballonnen	Balwnau
Clown	Clown
Dieren	Anifeiliaid
Goochelaar	Dewin
Jongleur	Siwglwr
Kaartje	Tocyn
Kostuum	Gwisgoedd
Leeuw	Llew
Magie	Hud
Muziek	Cerddoriaeth
Olifant	Eliffant
Parade	Rhodfa
Snoep	Candy
Tent	Pabell
Tijger	Teigr
Toeschouwer	Gwyliwr
Truc	Tric
Vermaken	Diddanu

Dagen en Maanden
Diwrnodau a Misoedd

Augustus	Awst
Dinsdag	Dydd Mawrth
Donderdag	Dydd Iau
Februari	Chwefror
Jaar	Blwyddyn
Januari	Ionawr
Juli	Gorffennaf
Juni	Mehefin
Kalender	Calendr
Maand	Mis
Maandag	Dydd Llun
Maart	Mawrth
November	Tachwedd
Oktober	Hydref
September	Medi
Vrijdag	Dydd Gwener
Week	Wythnos
Woensdag	Dydd Mercher
Zaterdag	Dydd Sadwrn
Zondag	Dydd Sul

Dans
Dawns

Academie	Academi
Beweging	Symudiad
Blij	Llawen
Choreografie	Coreograffi
Cultureel	Diwylliannol
Cultuur	Diwylliant
Emotie	Emosiwn
Expressief	Mynegiannol
Genade	Gras
Houding	Osgo
Klassiek	Clasurol
Kunst	Celf
Lichaam	Corff
Muziek	Cerddoriaeth
Partner	Partner
Repetitie	Ymarfer
Ritme	Rhythm
Springen	Neidio
Traditioneel	Traddodiadol
Visueel	Gweledol

Dinosaurussen
Deinosoriaid

Aarde	Ddaear
Enorm	Enfawr
Evolutie	Esblygiad
Fossielen	Ffosilau
Groot	Mawr
Grootte	Maint
Herbivoor	Llysieuyn
Krachtig	Pwerus
Mammoet	Mamoth
Omnivoor	Omnivore
Prehistorisch	Cynhanesyddol
Prooi	Ysglyfaeth
Reptiel	Ymlusgiaid
Soort	Rhywogaethau
Staart	Cynffon
Verdwijning	Diflaniad
Vicieuze	Dieflig
Vleugels	Adenydd

Ecologie
Ecoleg

Bergen	Mynyddoedd
Diversiteit	Amrywiaeth
Droogte	Sychder
Duurzaam	Cynaliadwy
Fauna	Ffawna
Flora	Flora
Gemeenschappen	Cymunedau
Globaal	Byd-Eang
Habitat	Cynefin
Klimaat	Hinsawdd
Marinier	Morol
Moeras	Gors
Natuur	Natur
Natuurlijk	Naturiol
Overleving	Goroesi
Planten	Planhigion
Soort	Rhywogaethau
Vegetatie	Llystyfiant
Vrijwilligers	Gwirfoddolwyr

Emoties
Emosiynau

Angst	Ofn
Dankbaar	Diolchgar
Droefheid	Tristwch
Gelukzaligheid	Wynfyd
Inhoud	Cynnwys
Kalm	Dawel
Liefde	Caru
Ontspannen	Hamddenol
Opgewonden	Gyffrous
Opluchting	Rhyddhad
Rust	Llonyddwch
Sympathie	Cydymdeimlad
Tederheid	Tynerwch
Tevreden	Fodlon
Verrassing	Syndod
Verveling	Diflastod
Vrede	Heddwch
Vreugde	Llawenydd
Vriendelijkheid	Caredigrwydd
Woede	Dicter

Eten #1
Bwyd # 1

Aardbei	Mefus
Abrikoos	Bricyll
Basilicum	Basil
Citroen	Lemon
Gerst	Haidd
Kaneel	Sinamon
Knoflook	Garlleg
Melk	Llaeth
Peer	Gellyg
Pinda	Cnau Daear
Salade	Salad
Sap	Sudd
Soep	Cawl
Spinazie	Sbigoglys
Suiker	Siwgr
Tonijn	Tiwna
Ui	Union
Vlees	Cig
Wortel	Moron
Zout	Halen

Eten #2
Bwyd # 2

Amandel	Almon
Appel	Afal
Asperge	Asbaragws
Aubergine	Eggplant
Banaan	Banana
Broccoli	Brocoli
Brood	Bara
Chocolade	Siocled
Druif	Grawnwin
Ei	Wy
Ham	Ham
Kaas	Caws
Kip	Cyw lâr
Kiwi	Ciwi
Perzik	Peach
Rijst	Reis
Tarwe	Gwenith
Tomaat	Tomato
Vis	Pysgod
Yoghurt	Iogwrt

Exploratie
Archwilio

Activiteit	Gweithgaredd
Bepaling	Penderfyniad
Culturen	Diwylliannau
Dieren	Anifeiliaid
Gevaren	Peryglon
Leren	I Ddysgu
Moed	Dewrder
Nieuw	Newydd
Onbekend	Anhysbys
Ontdekking	Darganfyddiad
Opwinding	Cyffro
Reis	Teithio
Ruimte	Gofod
Taal	Iaith
Terrein	Tir
Uitputting	Blinder
Ver	Pell
Wild	Gwyllt

Familie
Teulu

Broer	Brawd
Dochter	Merch
Grootmoeder	Nain
Jeugd	Plentyndod
Kind	Plentyn
Kinderen	Plant
Kleinkind	Wyres
Kleinzoon	Ŵyr
Man	Gŵr
Moeder	Fam
Neef	Nai
Nicht	Nith
Oom	Ewythr
Opa	Taid
Tante	Modryb
Vader	Tad
Vaderlijk	Tadol
Voorouder	Hynafiad
Vrouw	Gwraig
Zus	Chwaer

Fruit
Ffrwythau

Abrikoos	Bricyll
Appel	Afal
Avocado	Afocado
Banaan	Banana
Bes	Aeron
Citroen	Lemon
Druif	Grawnwin
Framboos	Mafon
Kers	Ceirios
Kiwi	Ciwi
Kokosnoot	Cnau Coco
Mango	Mango
Meloen	Melon
Nectarine	Nectarine
Oranje	Oren
Papaja	Papaia
Peer	Gellyg
Perzik	Peach
Pruim	Eirin
Vijg	Ffig

Gebouwen
Adeiladau

Appartement	Fflat
Bioscoop	Sinema
Boerderij	Fferm
Cabine	Caban
Fabriek	Ffatri
Garage	Garej
Hotel	Gwesty
Kasteel	Castell
Laboratorium	Labordy
Museum	Amgueddfa
Observatorium	Arsyllfa
School	Ysgol
Schuur	Ysgubor
Stadion	Stadiwm
Supermarkt	Archfarchnad
Tent	Pabell
Theater	Theatr
Toren	Twr
Universiteit	Prifysgol
Ziekenhuis	Ysbyty

Geografie
Daearyddiaeth

Atlas	Atlas
Berg	Mynydd
Breedtegraad	Lledred
Continent	Cyfandir
Eiland	Ynys
Evenaar	Cyhydedd
Halfrond	Hemisffer
Hoogte	Uchder
Kaart	Map
Land	Gwlad
Meridiaan	Meridian
Noorden	Gogledd
Oceaan	Cefnfor
Regio	Rhanbarth
Rivier	Afon
Stad	Dinas
Wereld	Byd
Westen	Gorllewin
Zee	Môr
Zuiden	De

Geologie
Daeareg

Aardbeving	Daeargryn
Calcium	Calsiwm
Continent	Cyfandir
Fossiel	Ffosil
Geiser	Geyser
Gesmolten	Tawdd
Grot	Ogof
Koraal	Cwrel
Kristallen	Crisialau
Kwarts	Cwarts
Laag	Haen
Lava	Lafa
Mineralen	Mwynau
Plateau	Gwastad
Stalactiet	Stalactite
Steen	Carreg
Vulkaan	Llosgfynydd
Zone	Parth
Zout	Halen
Zuur	Asid

Getallen
Rhifau

Acht	Wyth
Achttien	Deunaw
Decimaal	Degol
Dertien	Tri ar Ddeg
Drie	Tri
Een	Un
Negen	Naw
Nul	Sero
Tien	Deg
Twaalf	Deuddeg
Twee	Dau
Twintig	Ugain
Vier	Pedwar
Vijf	Pump
Vijftien	Pymtheg
Wiskunde	Math
Zes	Chwech
Zestien	Un ar Bymtheg
Zeven	Saith

Groenten
Llysiau

Aardappel	Tatws
Artisjok	Artisiog
Aubergine	Eggplant
Broccoli	Brocoli
Erwt	Pys
Gember	Sinsir
Knoflook	Garlleg
Komkommer	Ciwcymbr
Olijf	Olewydd
Paddestoel	Madarch
Peterselie	Persli
Pompoen	Pwmpen
Raap	Maip
Radijs	Radish
Salade	Salad
Selderij	Seleri
Spinazie	Sbigoglys
Tomaat	Tomato
Ui	Union
Wortel	Moron

Haartypes
Mathau o Wallt

Blond	Blond
Bruin	Brown
Dik	Trwchus
Droog	Sych
Dun	Tenau
Gekleurd	Lliw
Gevlochten	Plethedig
Gezond	Iach
Glad	Llyfn
Glimmend	Sgleiniog
Grijs	Llwyd
Kaal	Moel
Kort	Byr
Krullen	Curls
Krullend	Cyrliog
Lang	Hir
Wit	Gwyn
Zacht	Meddal
Zilver	Arian
Zwart	Du

Herbalisme
Llysieuol

Aromatisch	Aromatig
Basilicum	Basil
Bloem	Blodyn
Culinair	Coginio
Dille	Dil
Dragon	Taragon
Groen	Gwyrdd
Ingrediënt	Cynhwysion
Knoflook	Garlleg
Kwaliteit	Ansawdd
Lavendel	Lafant
Marjolein	Marjoram
Oregano	Oregano
Peterselie	Persli
Rozemarijn	Rhosmar
Saffraan	Saffrwm
Smaak	Blas
Tijm	Teim
Tuin	Gardd
Venkel	Ffenigl

Herfst
Hydref

Appels	Afalau
Boomgaard	Berllan
Branden	Tanau
Eikel	Fesen
Equinox	Equinox
Festival	Gŵyl
Kastanjes	Cnau Castan
Kleding	Dillad
Klimaat	Hinsawdd
Maanden	Mis
Migratie	Mudo
Natuur	Natur
Seizoensgebonden	Tymhorol
Vorst	Rhew
Weer	Tywydd

Huis
Tŷ

Bezem	Banadl
Bibliotheek	Llyfrgell
Dak	To
Deur	Drws
Douche	Cawod
Garage	Garej
Haard	Lle Tân
Hek	Ffens
Kamer	Ystafell
Kelder	Islawr
Keuken	Cegin
Lamp	Lamp
Meubilair	Dodrefn
Muur	Wal
Plafond	Nenfwd
Schoorsteen	Simnai
Slaapkamer	Ystafell Wely
Spiegel	Drych
Tapijt	Rug
Tuin	Gardd

Huisdieren
Anifeiliaid Anwes

Dierenarts	Milfeddyg
Geit	Gafr
Hagedis	Madfall
Hamster	Hamster
Hond	Ci
Kat	Cath
Klauwen	Crafangau
Koe	Buwch
Konijn	Cwningen
Kraag	Coler
Muis	Llygoden
Papegaai	Parot
Puppy	Cŵn Bach
Schildpad	Crwban
Staart	Cynffon
Vis	Pysgod
Voedsel	Bwyd
Water	Dŵr

Insecten
Pryfed

Bidsprinkhaan	Mantis
Bij	Gwenyn
Bladluis	Aphid
Cicade	Cicada
Kakkerlak	Chwilen Ddu
Kever	Chwilen
Larve	Larfa
Libel	Gwas y Neidr
Mier	Morgrug
Mot	Gwyfyn
Mug	Mosgito
Sprinkhaan	Locust
Termiet	Termite
Vlinder	Glöyn Byw
Vlo	Chwain
Wesp	Cacynen
Worm	Pryf

Installaties
Planhigion

Bamboe	Bambŵ
Bes	Aeron
Bloem	Blodyn
Boom	Coed
Boon	Ffa
Bos	Coedwig
Cactus	Cactus
Flora	Flora
Gebladerte	Dail
Gras	Glaswellt
Groeien	Tyfu
Klimop	Eiddew
Kruid	Perlysiau
Mest	Gwrtaith
Mos	Mwsogl
Plantkunde	Llysieueg
Struik	Llwyn
Tuin	Gardd
Vegetatie	Llystyfiant
Wortel	Gwraidd

Kastelen
Cestyll

Draak	Ddraig
Dynastie	Dynes
Edele	Bonheddig
Eenhoorn	Unicorn
Feodaal	Ffiwdal
Harnas	Arfwisg
Katapult	Catapult
Kerker	Dungeon
Koninkrijk	Deyrnas
Kroon	Goron
Muur	Wal
Paard	Ceffyl
Paleis	Palas
Prins	Tywysog
Prinses	Tywysoges
Ridder	Marchog
Rijk	Ymerodraeth
Schild	Tarian
Toren	Twr
Zwaard	Cleddyf

Katten
Cathod

Bont	Ffwr
Garen	Edafedd
Gek	Crazy
Jager	Helwyr
Klauw	Crafanc
Klein	Ychydig
Muis	Llygoden
Nieuwsgierig	Chwilfrydig
Onafhankelijk	Annibynnol
Persoonlijkheid	Personoliaeth
Poot	Paw
Slaap	Cysgu
Snel	Cyflym
Speels	Chwareus
Staart	Cynffon
Verlegen	Swil
Wild	Gwyllt

Keuken
Cegin

Cup	Cwpanau
Eetstokjes	Chopsticks
Grill	Gril
Ketel	Tegell
Koelkast	Oergell
Kom	Bowl
Kruik	Jwg
Lepels	Llwyau
Messen	Cyllyll
Oven	Popty
Pollepel	Lletwad
Pot	Jar
Recept	Rysáit
Schort	Ffedog
Servet	Napcyn
Specerijen	Sbeisys
Spons	Noddi
Voedsel	Bwyd
Vorken	Ffyrc
Vriezer	Rhewgell

Kleding
Dillad

Armband	Breichled
Blouse	Blows
Broek	Pants
Handschoenen	Menig
Hoed	Het
Jas	Côt
Jasje	Siaced
Jurk	Gwisg
Ketting	Adnabod
Mode	Ffasiwn
Pyjama	Pyjamas
Riem	Gwregys
Rok	Sgert
Sandalen	Sandalau
Schoen	Esgid
Schort	Ffedog
Shirt	Crys
Sjaal	Sgarff
Sokken	Sanau
Trui	Chwyswr

Kleuren
Lliwiau

Azuur	Asur
Beige	Llwydfelyn
Blauw	Glas
Bruin	Brown
Cyaan	Gwyrddlas
Fuchsia	Dyfwyr
Geel	Melyn
Grijs	Llwyd
Groen	Gwyrdd
Indigo	Indigo
Magenta	Magenta
Oranje	Oren
Paars	Porffor
Rood	Coch
Roze	Pinc
Sepia	Sepia
Wit	Gwyn
Zwart	Du

Klimmen
Dringo

Atmosfeer	Awyrgylch
Deskundige	Arbenigwr
Fysiek	Corfforol
Gidsen	Canllawiau
Grot	Ogof
Handschoenen	Menig
Helm	Helm
Hoogte	Uchder
Kaart	Map
Kracht	Cryfder
Laarzen	Esgidiau
Letsel	Anaf
Nieuwsgierigheid	Chwilfrydedd
Opleiding	Hyfforddiant
Smal	Cul
Stabiliteit	Sefydlogrwydd
Terrein	Tir
Uitdagingen	Heriau
Wandelen	Heicio

Kunst
Celf

Beeldhouwwerk	Cerflun
Complex	Cymhleth
Creëren	Creu
Eenvoudig	Syml
Eerlijk	Onest
Figuur	Ffigur
Geïnspireerd	Ysbrydoli
Humeur	Hwyliau
Keramisch	Ceramig
Onderwerp	Pwnc
Origineel	Gwreiddiol
Persoonlijk	Personol
Poëzie	Barddoniaeth
Portretteren	Portreadu
Samenstelling	Cyfansoddiad
Schilderijen	Paentiadau
Surrealisme	Swrealaeth
Symbool	Symbol
Uitdrukking	Mynegiant
Visueel	Gweledol

Kunstbenodigdheden
Cyflenwadau Celf

Acryl	Acrylig
Camera	Camera
Creativiteit	Creadigrwydd
Ezel	Hawddfyd
Gom	Rhwbiwr
Ideeën	Syniadau
Inkt	Inc
Klei	Clai
Kleuren	Lliwiau
Lijm	Glud
Olie	Olew
Papier	Papur
Potloden	Pensiliau
Stoel	Cadeirydd
Tafel	Tabl
Verf	Paent
Water	Dŵr

Landen #2
Gwledydd # 2

Denemarken	Denmarc
Ethiopië	Ethiopia
Frankrijk	Ffrainc
Griekenland	Gwlad Groeg
Ierland	Iwerddon
Indonesië	Indonesia
Japan	Japan
Kenia	Kenya
Laos	Laos
Libanon	Libanus
Liberia	Liberia
Maleisië	Malaysia
Mexico	Mecsico
Nepal	Nepal
Nigeria	Nigeria
Oeganda	Uganda
Oekraïne	Wcráin
Rusland	Rwsia
Somalië	Somalia
Syrië	Syria

Landschappen
Tirweddau

Berg	Mynydd
Eiland	Ynys
Geiser	Geyser
Gletsjer	Rhewlif
Grot	Ogof
Heuvel	Bryn
Ijsberg	Mynydd Iâ
Meer	Llyn
Moeras	Gors
Oase	Werddon
Oceaan	Cefnfor
Rivier	Afon
Schiereiland	Penrhyn
Strand	Traeth
Toendra	Tundra
Vallei	Dyffryn
Vulkaan	Llosgfynydd
Waterval	Rhaeadr
Woestijn	Anialwch
Zee	Môr

Literatuur
Llenyddiaeth

Analogie	Cyfatebiaeth
Analyse	Dadansoddiad
Anekdote	Chwedl
Auteur	Awdur
Biografie	Bywgraffiad
Conclusie	Casgliad
Dialoog	Deialog
Fictie	Ffuglen
Gedicht	Cerdd
Mening	Barn
Metafoor	Trosiad
Poëtisch	Barddonol
Rijm	Odl
Ritme	Rhythm
Roman	Nofel
Stijl	Arddull
Thema	Thema
Tragedie	Drychineb
Vergelijking	Cymhariaeth
Verteller	Adroddwr

Meditatie
Myfyrdod

Aandacht	Sylw
Aanvaarding	Derbyn
Ademhaling	Anadlu
Beweging	Symudiad
Dankbaarheid	Diolchgarwch
Emoties	Emosiynau
Gedachten	Meddyliau
Geluk	Hapusrwydd
Helderheid	Eglurder
Houding	Osgo
Kalm	Dawel
Mededogen	Tosturi
Mentaal	Meddyliol
Muziek	Cerddoriaeth
Natuur	Natur
Perspectief	Safbwynt
Stilte	Distawrwydd
Vrede	Heddwch
Vriendelijkheid	Caredigrwydd
Wakker	Effro

Meer Informatie
Ffuglen Gwyddoniaeth

Bioscoop	Sinema
Boeken	Llyfrau
Brand	Tân
Denkbeeldig	Dychmygol
Dystopie	Dystopia
Explosie	Ffrwydrad
Extreem	Eithafol
Fantastisch	Gwych
Futuristisch	Dyfodolaidd
Illusie	Rhith
Mysterieus	Dirgel
Orakel	Oracle
Planeet	Blaned
Realistisch	Realistig
Robots	Robotiaid
Scenario	Senario
Sterrenstelsel	Galaeth
Technologie	Technoleg
Utopie	Utopia
Wereld	Byd

Menselijk Lichaam
Corff Dynol

Been	Coes
Bloed	Gwaed
Elleboog	Penelin
Enkel	Ffêr
Hand	Llaw
Hart	Galon
Hersenen	Ymennydd
Hoofd	Pen
Huid	Croen
Kin	Ên
Knie	Pen-Glin
Maag	Bola
Mond	Geg
Nek	Gwddf
Neus	Trwyn
Oog	Llygad
Oor	Clust
Schouder	Ysgwydd
Tong	Tafod
Vinger	Bys

Metingen
Mesuriadau

Breedte	Lled
Byte	Beit
Centimeter	Canolfan
Decimaal	Degol
Diepte	Dyfnder
Gewicht	Pwysau
Graad	Gradd
Gram	Gram
Hoogte	Uchder
Inch	Modfedd
Kilogram	Cilogram
Lengte	Hyd
Liter	Litr
Massa	Màs
Meter	Mesurydd
Minuut	Munud
Ons	Owns
Pint	Peint
Ton	Tunnell
Volume	Cyfrol

Muziekinstrumenten
Offerynnau Cerddorol

Banjo	Banjo
Fagot	Baswn
Fluit	Ffliwt
Gitaar	Gitâr
Gong	Gong
Harp	Telyn
Hobo	Obo
Klarinet	Clarinét
Klokkenspel	Clychau
Mandoline	Mandolin
Marimba	Marimba
Piano	Piano
Saxofoon	Sacsoffon
Tamboerijn	Tambwrîn
Trombone	Trombôn
Trommel	Drwm
Trompet	Utgorn
Viool	Ffidil

Mythologie
Mytholeg

Bliksem	Mellt
Creatie	Creu
Cultuur	Diwylliant
Donder	Meddwl
Doolhof	Labyrinth
Gedrag	Ymddygiad
Held	Arwr
Heldin	Arwres
Hemel	Nefoedd
Jaloezie	Cenfigen
Kracht	Cryfder
Krijger	Rhyfelwr
Legende	Chwedl
Magisch	Hudol
Monster	Anghenfil
Onsterfelijkheid	Anfarwoldeb
Ramp	Trychineb
Sterfelijk	Marwol
Wezen	Creadur
Wraak	Dial

Natuur
Natur

Arctisch	Arctig
Bergen	Mynyddoedd
Bijen	Gwenyn
Bos	Coedwig
Dieren	Anifeiliaid
Dynamisch	Dynamig
Gebladerte	Dail
Gletsjer	Rhewlif
Heiligdom	Cysegr
Klippen	Clogwyni
Mist	Niwl
Rivier	Afon
Rustig	Heddychlon
Schoonheid	Harddwch
Sereen	Tawel
Tropisch	Trofannol
Vitaal	Hanfodol
Wild	Gwyllt
Woestijn	Anialwch
Wolken	Cymylau

Oceaan
Cefnfor

Aal	Llysywod
Algen	Algâu
Boot	Cwch
Dolfijn	Dolffin
Garnaal	Berdys
Getijden	Llanw
Golven	Tonnau
Haai	Siarc
Koraal	Cwrel
Krab	Cranc
Kwal	Sglefrod Môr
Octopus	Octopws
Oester	Wystrys
Schildpad	Crwban
Spons	Noddi
Storm	Storm
Tonijn	Tiwna
Vis	Pysgod
Walvis	Morfil
Zout	Halen

Om in te Vullen
I Llenwch

Bekken	Basn
Buis	Tiwb
Dienblad	Hambwrdd
Doos	Blwch
Emmer	Bwced
Envelop	Amlen
Fles	Potel
Karton	Carton
Koffer	Cês
Krat	Cawell
Lade	Drôr
Mand	Basged
Map	Ffolder
Pakje	Pecyn
Pot	Jar
Vaas	Vase
Vat	Gasgen
Zak	Poced

Piraten
Môr-Ladron

Anker	Angor
Avontuur	Antur
Bemanning	Criw
Eiland	Ynys
Gevaar	Perygl
Goud	Aur
Grot	Ogof
Kaart	Map
Kapitein	Capten
Kompas	Cwmpawd
Legende	Chwedl
Litteken	Craith
Oceaan	Cefnfor
Papegaai	Parot
Rum	Rum
Schat	Trysor
Slecht	Drwg
Strand	Traeth
Vlag	Baner
Zwaard	Cleddyf

Regenwoud
Fforestydd Glaw

Amfibieën	Amffibiaid
Behoud	Cadwraeth
Botanisch	Botanegol
Diversiteit	Amrywiaeth
Gemeenschap	Cymuned
Inheems	Cynhenid
Insecten	Pryfed
Jungle	Jyngl
Klimaat	Hinsawdd
Mos	Mwsogl
Natuur	Natur
Overleving	Goroesi
Respect	Parch
Restauratie	Adfer
Soort	Rhywogaethau
Toevlucht	Lloches
Vogels	Adar
Waardevol	Gwerthfawr
Wolken	Cymylau
Zoogdieren	Mamaliaid

Restaurant #1
Bwyty # 1

Allergie	Alergedd
Bord	Plât
Brood	Bara
Ingrediënten	Cynhwysion
Kassier	Arian
Keuken	Cegin
Kip	Cyw lâr
Koffie	Coffi
Kom	Bowl
Menu	Dewislen
Mes	Cyllell
Pittig	Sbeislyd
Reservering	Llain
Saus	Saws
Serveerster	Gweinyddes
Servet	Napcyn
Toetje	Pwdin
Vlees	Cig
Voedsel	Bwyd

Restaurant #2
Bwyty # 2

Cake	Cacen
Diner	Cinio
Drank	Diod
Eieren	Wyau
Fruit	Ffrwyth
Groente	Llysiau
Heerlijk	Blasus
Ijs	Iâ
Lepel	Llwy
Noedels	Nwdls
Ober	Aros
Salade	Salad
Soep	Cawl
Specerijen	Sbeisys
Stoel	Cadeirydd
Vis	Pysgod
Vork	Fforc
Water	Dŵr
Zout	Halen

Rijden
Gyrru

Auto	Car
Brandstof	Tanwydd
Garage	Garej
Gas	Nwy
Gevaar	Perygl
Kaart	Map
Licentie	Trwydded
Motor	Modur
Motorfiets	Beic Modur
Ongeluk	Damwain
Politie	Heddlu
Remmen	Breciau
Snelheid	Cyflymder
Straat	Stryd
Tunnel	Twnnel
Veiligheid	Diogelwch
Verkeer	Traffig
Voetganger	Cerddwyr
Vrachtauto	Lori
Weg	Ffordd

Schaken
Gwyddbwyll

Diagonaal	Lletraws
Kampioen	Pencampwr
Koning	Brenin
Koningin	Brenhines
Leren	I Ddysgu
Offer	Aberth
Passief	Goddefol
Punten	Pwyntiau
Reglement	Rheolau
Spel	Gêm
Speler	Chwaraewr
Strategie	Strategaeth
Tegenstander	Gwrthwynebydd
Tijd	Amser
Toernooi	Twrnamaint
Uitdagingen	Heriau
Wedstrijd	Gystadleuaeth
Wit	Gwyn
Zwart	Du

School #1
Ysgol # 1

Alfabet	Wyddor
Antwoorden	Atebion
Bibliotheek	Llyfrgell
Boeken	Llyfrau
Bureau	Desg
Cijfers	Rhifau
Examens	Arholiadau
Leraar	Athro
Leren	I Ddysgu
Lunch	Cinio
Mappen	Ffolderi
Papier	Papur
Pennen	Corlannau
Plezier	Hwyl
Potlood	Pensil
Quiz	Cwis
Stoel	Cadeirydd
Vrienden	Ffrindiau
Wiskunde	Math

School #2
Ysgol # 2

Academisch	Academaidd
Bibliotheek	Llyfrgell
Boeken	Llyfrau
Bus	Bws
Computer	Cyfrifiadur
Grammatica	Gramadeg
Kalender	Calendr
Leraar	Athro
Literatuur	Llenyddiaeth
Onderwijs	Addysg
Papier	Papur
Pennen	Corlannau
Potlood	Pensil
Rugzak	Backpack
Schaar	Siswrn
Schoenen	Esgidiau
Weekend	Penwythnosau
Wetenschap	Gwyddoniaeth
Wiskunde	Math
Woordenboek	Geiriadur

Specerijen
Sbeisys

Anijs	Anise
Bitter	Chwerw
Gember	Sinsir
Kaneel	Sinamon
Kardemom	Cardamom
Kerrie	Cyri
Knoflook	Garlleg
Komijn	Cwmin
Koriander	Coriander
Kruidnagel	Ewin
Nootmuskaat	Nytmeg
Paprika	Paprika
Peper	Pupur
Saffraan	Saffrwm
Smaak	Blas
Ui	Union
Vanille	Fanila
Venkel	Ffenigl
Zoet	Melys
Zout	Halen

Speelgoed
Teganau

Ambachten	Crefftau
Auto	Car
Bal	Pêl
Boeken	Llyfrau
Boot	Cwch
Drums	Drymiau
Favoriet	Hoff
Fiets	Beic
Games	Gemau
Klei	Clai
Pop	Ddol
Puzzel	Pos
Robot	Robot
Schaak	Gwyddbwyll
Trein	Trên
Verbeelding	Dychymyg
Verf	Paent
Vlieger	Barcud
Vliegtuig	Awyren
Vrachtauto	Lori

Sport
Chwaraeon

Atleet	Mabolgampwr
Basketbal	Pêl-Fasged
Beweging	Symudiad
Fiets	Beic
Golf	Golff
Gymnasium	Campfa
Gymnastiek	Gymnasteg
Hockey	Hoci
Honkbal	Pêl Fas
Scheidsrechter	Canolwr
Spel	Gêm
Speler	Chwaraewr
Stadion	Stadiwm
Team	Tîm
Tennis	Tenis
Trainer	Hyfforddwr
Winnaar	Enillydd
Zwemmen	I Nofio

Stad
Y Dref

Apotheek	Fferyllfa
Bakkerij	Becws
Bank	Banc
Bibliotheek	Llyfrgell
Bioscoop	Sinema
Bloemist	Siop Flodau
Boekhandel	Siop Lyfrau
Dierentuin	Sw
Galerij	Oriel
Hotel	Gwesty
Kliniek	Clinig
Luchthaven	Maes Awyr
Markt	Farchnad
Museum	Amgueddfa
School	Ysgol
Stadion	Stadiwm
Supermarkt	Archfarchnad
Theater	Theatr
Universiteit	Prifysgol
Winkel	Siop

Strand
Traeth

Blauw	Glas
Boot	Cwch
Dok	Doc
Eiland	Ynys
Handdoek	Tywel
Krab	Cranc
Kust	Arfordir
Oceaan	Cefnfor
Paraplu	Ymbarél
Sandalen	Sandalau
Schelpen	Cregyn
Vakantie	Gŵyl
Zand	Tywod
Zee	Môr
Zeilboot	Cwch Hwylio
Zon	Haul
Zwemmen	I Nofio

Surfen
Syrffio

Atleet	Mabolgampwr
Beginner	Dechreuwr
Extreem	Eithafol
Golf	Don
Kampioen	Pencampwr
Kracht	Cryfder
Maag	Bola
Menigte	Torfeydd
Oceaan	Cefnfor
Plezier	Hwyl
Populair	Poblogaidd
Schuim	Ewyn
Snelheid	Cyflymder
Spray	Chwistrellu
Stijl	Arddull
Strand	Traeth
Weer	Tywydd
Zwemmen	I Nofio

Technologie
Technoleg

Bericht	Neges
Bestand	Ffeil
Blog	Blog
Browser	Porwr
Bytes	Bytes
Camera	Camera
Computer	Cyfrifiadur
Cursor	Cyrchwr
Digitaal	Digidol
Gegevens	Data
Internet	Rhyngrwyd
Lettertype	Ffont
Onderzoek	Ymchwil
Scherm	Sgrin
Software	Meddalwedd
Statistiek	Ystadegau
Veiligheid	Diogelwch
Virtueel	Rhithwir

Tijd
Amser

Dag	Dydd
Decennium	Degawd
Eeuw	Canrif
Gisteren	Ddoe
Jaar	Blwyddyn
Jaarlijks	Blynyddol
Kalender	Calendr
Klok	Cloc
Maand	Mis
Middag	Hanner Dydd
Minuut	Munud
Na	Ar Ôl
Nacht	Nos
Nu	Nawr
Ochtend	Bore
Toekomst	Dyfodol
Uur	Awr
Vandaag	Heddiw
Vroeg	Yn Gynnar
Week	Wythnos

Tuin
Gardd

Bank	Mainc
Bloem	Blodyn
Boom	Coed
Garage	Garej
Gazon	Lawnt
Gras	Glaswellt
Hangmat	Hammock
Hark	Rhaca
Hek	Ffens
Onkruid	Chwyn
Rotsen	Creigiau
Schop	Rhaw
Slang	Pibell
Struik	Llwyn
Terras	Teras
Trampoline	Trampolîn
Tuin	Gardd
Veranda	Cyntedd
Vijver	Pwll
Wijnstok	Winwydd

Vakantie #1
Yn Ystod y Gwyliau #1

Auto	Car
Douane	Tollau
Expeditie	Daith
Kaartje	Tocyn
Koffer	Cês
Meer	Llyn
Museum	Amgueddfa
Ontspanning	Ymlacio
Paraplu	Ymbarél
Reisplan	Amserlen
Rugzak	Backpack
Toerist	Twristiaid
Tram	Tram
Valuta	Arian
Vertrek	Ymadawiad
Vliegtuig	Awyren
Zwemmen	I Nofio

Vakantie #2
Yn Ystod y Gwyliau #2

Bestemming	Cyrchfan
Buitenlander	Estron
Buitenlands	Tramor
Eiland	Ynys
Hotel	Gwesty
Kaart	Map
Kamperen	Gwersylla
Luchthaven	Maes Awyr
Paspoort	Pasbort
Reis	Taith
Reserveringen	Amheuon
Restaurant	Bwyty
Strand	Traeth
Taxi	Tacsi
Tent	Pabell
Vakantie	Gwyliau
Vervoer	Cludiant
Visum	Fisa
Vrije Tijd	Hamdden
Zee	Môr

Verjaardag
Pen-Blwydd

Cake	Cacen
Dag	Dydd
Geboren	Anwyd
Gelukkig	Hapus
Geschenk	Rhodd
Herinneringen	Atgofion
Jaar	Blwyddyn
Jong	Ifanc
Kaarsen	Canhwyllau
Kaarten	Cardiau
Kalender	Calendr
Lied	Cân
Ouder	Hŷn
Plezier	Hwyl
Speciaal	Arbennig
Tijd	Amser
Uitnodigingen	Gwahoddiadau
Viering	Dathliad
Vrienden	Ffrindiau
Wijsheid	Doethineb

Vissen
Pysgota

Aas	Abwyd
Apparatuur	Offer
Boot	Cwch
Draad	Gwifren
Geduld	Amynedd
Gewicht	Pwysau
Haak	Bachyn
Kaak	Ên
Kieuwen	Tagellau
Kok	Coginio
Mand	Basged
Meer	Llyn
Oceaan	Cefnfor
Overdrijving	Esboniad
Rivier	Afon
Seizoen	Tymor
Strand	Traeth
Vinnen	Esgyll
Water	Dŵr

Vliegtuigen
Awyrennau

Afdaling	Disgyniad
Atmosfeer	Awyrgylch
Avontuur	Antur
Ballon	Balŵn
Bemanning	Criw
Bouw	Adeiladu
Brandstof	Tanwydd
Geschiedenis	Hanes
Hoogte	Uchder
Lanceren	Lansio
Landen	Glanio
Lucht	Awyr
Motor	Peiriant
Navigeren	Lywio
Ontwerp	Dylunio
Passagier	Teithwyr
Piloot	Peilot
Richting	Cyfeiriad
Turbulentie	Cynnwrf
Waterstof	Hydrogen

Voeding
Maeth

Bitter	Chwerw
Calorieën	Galorïau
Dieet	Deiet
Eetbaar	Bwytadwy
Eetlust	Archwaeth
Eiwitten	Proteinau
Evenwichtig	Cytbwys
Fermentatie	Eplesu
Gewicht	Pwysau
Gezond	Iach
Gezondheid	Iechyd
Koolhydraten	Carbohydradau
Kwaliteit	Ansawdd
Saus	Saws
Smaak	Blas
Spijsvertering	Treuliad
Toxine	Gwenwyn
Vitamine	Fitamin
Vloeistoffen	Hylifau
Voedingsstof	Maeth

Voertuigen
Cerbydau

Ambulance	Ambiwlans
Auto	Car
Banden	Tirion
Boot	Cwch
Bus	Bws
Caravan	Carafan
Fiets	Beic
Helikopter	Hofrennydd
Metro	Isffordd
Motor	Modur
Onderzeeër	Llong Danfor
Raket	Roced
Scooter	Sgwter
Taxi	Tacsi
Tractor	Tractor
Trein	Trên
Veerboot	Fferi
Vliegtuig	Awyren
Vlot	Llu
Vrachtauto	Lori

Vogels
Adar

Duif	Colomen
Eend	Hwyaden
Ei	Wy
Flamingo	Fflamingo
Gans	Gŵydd
Kip	Cyw Iâr
Koekoek	Gog
Kraai	Frân
Meeuw	Gwylan
Mus	Aderyn
Ooievaar	Ciconia
Papegaai	Parot
Pauw	Paun
Pelikaan	Pelican
Pinguïn	Pengwin
Reiger	Crëyr
Struisvogel	Estrys
Toekan	Twcan
Uil	Dylluan
Zwaan	Alarch

Vormen
Siapiau

Boog	Arc
Cilinder	Silindr
Cirkel	Cylch
Curve	Gromlin
Driehoek	Triongl
Hoek	Cornel
Hyperbool	Hyperbola
Kant	Ochr
Kegel	Côn
Kubus	Ciwb
Lijn	Llinell
Ovaal	Hirgrwn
Piramide	Pyramid
Prisma	Prism
Randen	Ymylon
Rechthoek	Petryal
Veelhoek	Polygon
Vierkant	Sgwâr

Wandelen
Heicio

Berg	Mynydd
Dieren	Anifeiliaid
Gevaren	Peryglon
Gidsen	Canllawiau
Kaart	Map
Kamperen	Gwersylla
Klif	Clogwyn
Klimaat	Hinsawdd
Laarzen	Esgidiau
Moe	Flinedig
Natuur	Natur
Oriëntatie	Cyfeiriad
Parken	Parciau
Stenen	Cerrig
Voorbereiding	Paratoi
Water	Dŵr
Weer	Tywydd
Wild	Gwyllt
Zon	Haul
Zwaar	Trwm

Water
Dŵr

Douche	Cawod
Drinkbaar	Yfed
Golven	Tonnau
Ijs	Iâ
Irrigatie	Dyfrhau
Meer	Llyn
Moesson	Monsŵn
Oceaan	Môr
Orkaan	Corwynt
Overstroming	Llifogydd
Regen	Glaw
Rivier	Afon
Sneeuw	Eira
Stoom	Stêm
Stroom	Ffrwd
Verdamping	Anweddiad
Vochtig	Llaith
Vochtigheid	Lleithder
Vorst	Rhew

Weersomstandigheden
Tywydd

Atmosfeer	Awyrgylch
Bliksem	Mellt
Donder	Taranau
Droog	Sych
Droogte	Sychder
Hemel	Awyr
Ijs	Iâ
Klimaat	Hinsawdd
Mist	Niwl
Moesson	Monsŵn
Orkaan	Corwynt
Overstroming	Llifogydd
Polair	Polar
Regenboog	Enfys
Storm	Storm
Temperatuur	Tymheredd
Tornado	Tornado
Tropisch	Trofannol
Wind	Gwynt
Wolk	Cwmwl

Wetenschap
Gwyddoniaeth

Atoom	Atom
Chemisch	Cemegol
Deeltjes	Gronynnau
Evolutie	Esblygiad
Experiment	Arbrawf
Feit	Ffaith
Fossiel	Ffosil
Gegevens	Data
Hypothese	Ddamcaniaeth
Klimaat	Hinsawdd
Laboratorium	Labordy
Methode	Dull
Mineralen	Mwynau
Moleculen	Moleciwlau
Natuur	Natur
Natuurkunde	Ffiseg
Organisme	Organeb
Planten	Planhigion
Wetenschapper	Gwyddonydd
Zwaartekracht	Disgyrchiant

Wetenschappelijke Discip
Ddisgyblaethau Gwyddonol

Anatomie	Anatomeg
Archeologie	Archaeoleg
Astronomie	Seryddiaeth
Biochemie	Biocemeg
Biologie	Bioleg
Chemie	Cemeg
Ecologie	Ecoleg
Fysiologie	Ffisioleg
Geologie	Daeareg
Immunologie	Imiwnoleg
Mechanica	Mecaneg
Meteorologie	Meteoroleg
Mineralogie	Mwynglawdd
Neurologie	Niwroleg
Plantkunde	Llysieueg
Psychologie	Seicoleg
Robotica	Roboteg
Sociologie	Cymdeithaseg
Voeding	Maeth
Zoölogie	Milofyddiaeth

Wiskunde
Mathemateg

Decimaal	Degol
Diameter	Diamedr
Driehoek	Triongl
Fractie	Ffracsiwn
Geometrie	Geometreg
Graden	Graddau
Hoeken	Onglau
Loodrecht	Berpendicwlar
Omtrek	Cylchedd
Parallel	Cyfochrog
Parallellogram	Paralelogram
Rechthoek	Petryal
Rekenkundig	Rhifyddeg
Som	Swm
Straal	Radiws
Symmetrie	Cymesuredd
Veelhoek	Polygon
Vergelijking	Hafaliad
Vierkant	Sgwâr
Volume	Cyfrol

Zomer
Haf

Boeken	Llyfrau
Duiken	Deifio
Familie	Teulu
Herinneringen	Atgofion
Huis	Cartref
Kamperen	Gwersylla
Muziek	Cerddoriaeth
Ontspanning	Ymlacio
Reis	Teithio
Sandalen	Sandalau
Sterren	Sêr
Strand	Traeth
Tuin	Gardd
Vakantie	Gŵyl
Voedsel	Bwyd
Vreugde	Llawenydd
Vrienden	Ffrindiau
Vrije Tijd	Hamdden
Zee	Môr
Zwemmen	I Nofio

Zoogdieren
Mamaliaid

Aap	Mwnci
Bever	Afanc
Coyote	Coyote
Dolfijn	Dolffin
Ezel	Asyn
Geit	Gafr
Giraf	Jiraff
Gorilla	Gorila
Hond	Ci
Kameel	Camel
Kangoeroe	Kangaroo
Kat	Cath
Konijn	Cwningen
Leeuw	Llew
Olifant	Eliffant
Paard	Ceffyl
Stier	Tarw
Vos	Llwynog
Walvis	Morfil
Wolf	Blaidd

Gefeliciteerd

Je hebt het gehaald!

We hopen dat u net zoveel plezier beleeft aan dit boek als wij aan het maken ervan. We doen ons best om spellen van hoge kwaliteit te maken.
Deze puzzels zijn op een slimme manier ontworpen zodat je actief kunt leren terwijl je plezier hebt!

Vond je ze mooi?

Een Eenvoudig Verzoek

Onze boeken bestaan dankzij de recensies die zij publiceren.
Kunt u ons helpen door nu een mening achter te laten ?

Hier is een korte link die u naar uw
bestellingen beoordelingspagina.

BestBooksActivity.com/Recensie50

FINAAL UITDAGING!

Uitdaging nr. 1

Klaar voor uw bonusspel? We gebruiken ze de hele tijd, maar ze zijn niet zo gemakkelijk te vinden. Hier zijn **Synoniemen!**

Noteer 5 woorden die je ontdekt hebt in elk van de onderstaande puzzels (nr. 21, nr. 36, nr. 76) en probeer voor elk woord 2 synoniemen te vinden.

Notitie 5 Woorden uit *Puzzle 21*

Woorden	Synoniem 1	Synoniem 2

Notitie 5 Woorden uit *Puzzle 36*

Woorden	Synoniem 1	Synoniem 2

Notitie 5 Woorden uit *Puzzle 76*

Woorden	Synoniem 1	Synoniem 2

Uitdaging nr. 2

Nu je opgewarmd bent, noteer 5 woorden die je ontdekt hebt in elke hieron-der genoteerde puzzel (nr. 9, nr. 17, nr. 25) en probeer voor elk woord 2 antoniemen te vinden. Hoeveel regels kan je doen in 20 minuten?

Notitie 5 Woorden uit **Puzzle 9**

Woorden	Antoniem 1	Antoniem 2

Notitie 5 Woorden uit **Puzzle 17**

Woorden	Antoniem 1	Antoniem 2

Notitie 5 Woorden uit **Puzzle 25**

Woorden	Antoniem 1	Antoniem 2

Uitdaging nr. 3

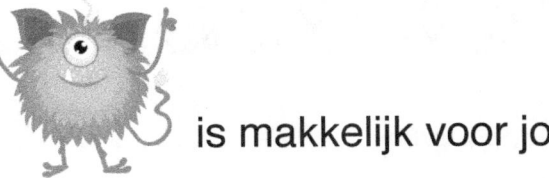

Prachtig, deze finaal uitdaging is makkelijk voor jou!

Klaar voor de laatste? Kies je 10 favoriete woorden die je in een van de puzzels hebt ontdekt en noteer ze hieronder.

1.	6.
2.	7.
3.	8.
4.	9.
5.	10.

De uitdaging is nu om met deze woorden en binnen een maximum van zes zinnen een tekst te schrijven over een persoon, dier of plaats waar je van houdt!

Tip: U kunt de laatste blanco pagina van dit boek als kladblaadje gebruiken!

Je schrijven:

NOTITIEBOEKJE:

TOT SNEL!

Linguas Classics

GENIET VAN GRATIS SPELLEN

GO

↓

BESTACTIVITYBOOKS.COM/FREEGAMES